Arbitragem no Setor de Energia Elétrica

2016

Diogo Albaneze Gomes Ribeiro

ARBITRAGEM NO SETOR DE ENERGIA ELÉTRICA
© Almedina, 2017
AUTOR: Diogo Albaneze Gomes Ribeiro
DIAGRAMAÇÃO: Almedina
DESIGN DE CAPA: FBA
ISBN: 978-858-49-3196-5

Dados Internacionais de Catalogação na Publicação (CIP)
(Câmara Brasileira do Livro, SP, Brasil)

Ribeiro, Diogo Albaneze Gomes
Arbitragem no setor de energia elétrica /
Diogo Albaneze Gomes Ribeiro. –
São Paulo : Almedina, 2017. Bibliografia.
ISBN: 978-85-8493-196-5 1. Arbitragem
2. Aspectos operacionais da arbitragem
3. Desverticalização
4. Direito administrativo – Brasil
5. Direito público - Brasil
6. Energia elétrica
7. Solução de conflitos I. Título.

17-00729   CDU-342:621.31(81)

Índices para catálogo sistemático:
1. Brasil : Arbitragem na administração pública :
Setor de energia elétrica : Direito administrativo 342:621.31(81)

Este livro segue as regras do novo Acordo Ortográfico da Língua Portuguesa (1990).

Todos os direitos reservados. Nenhuma parte deste livro, protegido por copyright, pode ser reproduzida, armazenada ou transmitida de alguma forma ou por algum meio, seja eletrônico ou mecânico, inclusive fotocópia, gravação ou qualquer sistema de armazenagem de informações, sem a permissão expressa e por escrito da editora.

Janeiro, 2017

EDITORA: Almedina Brasil
Rua José Maria Lisboa, 860, Conj.131 e 132, Jardim Paulista | 01423-001 São Paulo | Brasil
editora@almedina.com.br
www.almedina.com.br

A Deus, por tudo, a começar pelo dom da vida. A minha mãe, Izabel, maior incentivadora de todos os meus projetos acadêmicos. Ao meu pai, João, por todos os ensinamentos e pelo exemplo de dedicação à família. Amo vocês.

AGRADECIMENTOS

A presente obra é fruto de um intenso trabalho de pesquisa e da colaboração de diversas pessoas, sem as quais não poderia concluí-la.

Inicialmente, registro a minha profunda gratidão à Dinorá Adelaide Musetti Grotti, que me aceitou como seu orientando no Mestrado da Pontifícia Universidade Católica de São Paulo e que, durante todo o período do Mestrado, honrou-me com os seus preciosos ensinamentos. Não tenho palavras para expressar minha mais profunda gratidão e admiração à professora Dinorá, uma das grandes juristas do Direito Público brasileiro.

Aos professores Jacintho Arruda Câmara e Letícia Queiroz Andrade, pelas valiosas observações e críticas realizadas no exame de qualificação, que me permitiram amadurecer e aprofundar o trabalho até então desenvolvido.

Agradeço imensamente ao Cesar A. Guimarães Pereira pelo fundamental apoio que me deu durante a fase de ingresso no Mestrado e pela compreensão nos períodos em que tive de me ausentar do escritório para cumprir com os compromissos acadêmicos.

Foi de crucial importância a colaboração de Cristiana Maria Melhado Araujo Lima, Diego Franzoni e Eugenia Cristina Cleto Marolla, que, gentilmente, apresentaram valiosas contribuições ainda na fase de desenvolvimento do trabalho.

Agradeço também à Luísa Quintão que, sempre de forma solícita, dispôs-se a me ajudar com pesquisas e na formatação do trabalho.

Ainda tive o privilégio de contar com as valorosas contribuições e orientações de Ana Clara Toledo Brito, notável especialista no setor de energia elétrica, e Paulo Osternack Amaral, grande processualista e amigo.

Além de contar com todo esse apoio (fundamentais para que o trabalho pudesse ser concluído), tive a honra de, em conjunto com a minha orientadora (a professora Dinorá Grotti), ter em minha banca de Mestrado o professor Carlos Ari Sundfeld, um dos maiores juristas e pensadores do Direito Público no Brasil, e o professor Cláudio Finkelstein, um dos maiores expoentes da arbitragem no Brasil.

Todas as críticas e sugestões apresentadas pelos professores Carlos Ari e Cláudio Finkelstein foram incorporadas ao trabalho e serviram para engrandecer a presente obra.

Por fim, agradeço à Fernanda Leal pelo constante apoio e carinho que fizeram com que o árduo trabalho de conciliar as obrigações do Mestrado com as demais obrigações profissionais se tornasse mais leve.

PREFÁCIO

Paralelamente à implantação das mudanças constitucionais e legais sofridas pelo Estado brasileiro e, diante da mudança das relações na sociedade, os meios alternativos de solução de conflitos têm se difundido, estimulando-se o uso da negociação, da mediação, da conciliação e da arbitragem, que se inserem num contexto mais amplo de realização da Justiça. Na verdade são formas que se filiam ao mesmo fundamento do princípio da autonomia da vontade, tendo por finalidade a resolução extrajudicial do conflito, como forma de se garantir à sociedade o acesso à ordem jurídica justa.

    Os quatro modos alternativos de solução de controvérsias não se confundem e não se excluem, mas, ao contrário, se completam e podem ser adotados em sequência. Enquanto na arbitragem a solução do litígio é imposta às partes por árbitros que, atuando como um juiz privado, as substituem na solução de conflitos, na conciliação ela é apenas proposta por um conciliador que tem a tarefa de conduzir as partes na negociação e oferecer-lhes alternativas, havendo uma obrigação de esforço, não de resultado. A mediação é um meio alternativo e voluntário de resolução de conflitos no qual um terceiro neutro e imparcial (mediador) atua no sentido de aproximar as partes para que essas possam chegar a um acordo – sem, contudo, apresentar sugestões ou opiniões a respeito da controvérsia. Na negociação as próprias partes buscam a solução do conflito, sem a participação de terceiros.

    Com a presente obra Diogo Albaneze Gomes Ribeiro faz uma análise percuciente dos mecanismos de solucionar disputas no setor de energia elétrica e enfrenta com muita profundidade este tema inegavelmente atual na medida em que o consenso-negociação vem ganhando ênfase.

Tive a oportunidade de ver esse trabalho começar a nascer quando, ainda no curso de Mestrado na Faculdade de Direito da Pontifícia Universidade Católica de São Paulo, no módulo de direito administrativo, atribuí ao autor a tarefa de produzir um seminário sobre a arbitragem na Administração Pública.

Empolgado com o debate, o autor logo demonstrou que não restringiria, naquela tarefa, sua dedicação ao tema, prosseguindo na pesquisa, tentando propor soluções às intrincadas questões que o envolvem e aceitando o desafio de produzir este primoroso trabalho monográfico, amparado em rica e selecionada indicação bibliográfica e pesquisa jurisprudencial. Com ele o Autor conquistou seu merecido título de Mestre em Direito na Faculdade de Direito da Pontifícia Universidade Católica de São Paulo, na área de concentração em Direito Administrativo, tendo sido aprovado com a nota máxima e recebido merecidos elogios da banca examinadora por mim presidida, na qualidade de orientadora, e integrada pelos Professores Carlos Ari Sundfeld e Cláudio Finkelstein.

Após introduzir o tema, apresenta uma sucinta visão do setor elétrico, e traça um panorama das diferentes formas alternativas de solução de conflitos que podem ser adotadas pelo setor, conceituando-as e diferenciando-as. Partindo da análise dos contornos gerais da arbitragem, direciona sua perspicácia reflexiva ao estudo específico desse instituto e de sua utilização pela Administração Pública.

Na sequência, o Autor ocupa-se em demonstrar, através de uma investigação prática, como os mecanismos alternativos de solução de conflitos, dentre eles a arbitragem, vem sendo utilizados nos contratos ajustados pela União ou pela ANEEL, por delegação daquela, no que tange aos serviços de geração, distribuição e transmissão. O setor de comercialização, por seu caráter complexo e intricado, é objeto de capítulo específico, no qual, através de viés normativo, é esmiuçado.

Buscando ampliar o grau de abrangência da análise, dedica o sexto capítulo ao exame dos aspectos operacionais da arbitragem no setor de energia elétrica a partir da sua divisão por regras aplicáveis aos contratos de geração, distribuição, transmissão e comercialização.

Ao final de uma trajetória intelectual pontualmente traçada, o Autor tece consistentes conclusões coerentes com o arcabouço argumentativo desenvolvido ao longo do trabalho.

PREFÁCIO

Dedicação, integridade, espírito investigativo são alguns dos adjetivos que aplico para traçar o perfil de Diogo Albaneze Gomes Ribeiro, que conheço desde o momento em que ingressou no curso de pós-graduação *stricto sensu* da Faculdade de Direito da Pontifícia Universidade Católica de São Paulo. Nesse período pude verificar que estava diante de um aluno que se distinguia por sua inteligência, dedicação e maturidade.

Acresce-se que, de par com sua sólida formação jurídica, o contato profissional do Autor com a matéria pode trazer ao trabalho as luzes de sua experiência profissional advindas do exame cotidiano dos casos concretos, eis que já há alguns anos vem se debruçando no estudo do Direito Administrativo, inclusive com a publicação de artigos **em revistas especializadas e em livros como co-autor.**

É com satisfação que recomendo ao leitor debruçar-se sobre esta obra plena de vigor intelectual, que representa uma enorme contribuição para o debate e exame da matéria, tendo em vista a preocupação generalizada de se encontrar meios mais adequados para a solução dos conflitos.

Dinorá Adelaide Musetti Grotti
Professora Doutora de Direito Administrativo da PUC/SP

SUMÁRIO

INTRODUÇÃO 17

1 DO CICLO COMPLETO À FRAGMENTAÇÃO
DO SETOR DE ENERGIA ELÉTRICA BRASILEIRO 21
   1.1 Geração de energia elétrica 24
      1.1.1 Concessão de serviço público 25
      1.1.2 Autoprodução 26
      1.1.3 Produção independente 28
   1.2 Transmissão 30
   1.3 Distribuição 32
   1.4 Comercialização 33
   1.5 Importação, exportação e a transformação de energia 34
   1.6 A multiplicação das relações contratuais.
      Resultado da desverticalização ocorrida no setor 35

2 FORMAS ALTERNATIVAS DE SOLUÇÃO DE CONFLITOS
NO SETOR DE ENERGIA ELÉTRICA 37
   2.1 Negociação 38
   2.2 Mediação 39
   2.3 Conciliação 42
   2.4 Arbitragem 44

3 ARBITRAGEM 47
   3.1 Contornos gerais da arbitragem 47
      3.1.1 Natureza jurídica da arbitragem 49
      3.1.2 Constitucionalidade da arbitragem 52
   3.2 Arbitragem e poder público 57

3.2.1 *Apanhado histórico da arbitragem nos contratos firmados pela Administração Pública direta e indireta* 58
3.2.2 *A arbitrabilidade do Estado* 61
3.2.2.1 *A arbitrabilidade subjetiva do Estado* 61
3.2.2.2 *A arbitrabilidade objetiva do Estado. Direitos Patrimoniais Disponíveis* 63
3.2.2.3 *A opção pela arbitragem e a preservação dos direitos legalmente conferidos à Administração Pública* 70
3.2.3 *Arbitragem e a União Federal – interpretação do art. 109, inc. I, da CF/88* 71
3.2.4 *A competência para a instituição da convenção de arbitragem* 73
3.2.5 *Arbitragem e a administração pública na jurisprudência do TCU e do STJ* 73
3.2.5.1 *O entendimento do Tribunal de Contas da União* 74
3.2.5.2 *O entendimento do Superior Tribunal de Justiça* 80
3.3 A arbitragem levada a efeito pela ANEEL (Lei nº 10.438/2002) 86
3.3.1 *A função julgadora da ANEEL* 86
3.3.2 *A natureza jurídica da arbitragem prevista na Lei 10.438/2002* 90

4 A ARBITRAGEM NOS CONTRATOS DE CONCESSÃO, PERMISSÃO E DE OBRA PÚBLICA 95
4.1 Previsão legal 95
4.2 As formas de solucionar conflitos previstas nos contratos de geração, distribuição e transmissão de energia elétrica 97
4.2.1 *Contratos de geração de energia elétrica* 97
4.2.2 *Contratos de Transmissão e Distribuição de energia elétrica* 100
4.3 A arbitragem e os contratos regidos pelas Leis 8.666/93 e 12.462/2011 101
4.4 As matérias contratuais passíveis de serem submetidas à arbitragem 104

5 A ARBITRAGEM NO SETOR DE COMERCIALIZAÇÃO DE ENERGIA ELÉTRICA 107
5.1 A Câmara de Comercialização de Energia Elétrica – CCEE 107
5.2 As previsões legal, normativa e estatutária para a utilização da arbitragem no âmbito da comercialização de energia elétrica 112
5.2.1 *Previsão legal (Lei 10.848/2004)* 112
5.2.2 *Previsões normativa e estatutária (Decreto nº 5.177/2004, Resolução Normativa nº 109/2004 e Estatuto Social da CCEE)* 113

5.3 A Câmara de Arbitragem da FGV para dirimir conflitos
relacionados à comercialização de energia elétrica 115
5.4 A disponibilidade dos direitos relacionados à compra e venda
de energia elétrica 117
5.5 As hipóteses de incidência da Convenção Arbitral celebrada
entre a CCEE e seus Agentes 119
5.6 A utilização compulsória da arbitragem pelos Agentes da CCEE 124
5.7 A estipulação de cláusula escalonada. A obrigatoriedade
da mediação de forma prévia à instituição da arbitragem 128
   5.7.1 A cláusula escalonada 128
   5.7.2 O modelo de cláusula escalonada adotada
   no setor de comercialização de energia elétrica 129
   5.7.3 Os efeitos jurídicos da cláusula escalonada 131
5.8 Consequências do descumprimento das regras estipuladas
pela convenção de comercialização 133
   5.8.1 A incidência de multa pela inobservância
   da convenção arbitral 133
   5.8.2 Consequências processuais pela inobservância
   do processo de mediação 134
5.9 O processo de conciliação previsto no Estatuto Social da CCEE.
Instituto que não substitui a mediação imposta
pela Convenção de Comercialização 137
5.10 Cláusulas arbitrais comumente utilizadas nos contratos
de comercialização de energia elétrica 139
5.11 Sugestões de cláusulas escalonadas que atendam
às exigências impostas pela convenção de comercialização
e pela convenção arbitral 144
5.12 A natureza dos conflitos comumente identificados
entre os agentes da CCEE 147

6 ASPECTOS OPERACIONAIS DA ARBITRAGEM
NO SETOR DE ENERGIA ELÉTRICA 149
6.1 Arbitragem ad hoc e institucional 150
   6.1.1 Regra para os contratos de geração, distribuição e transmissão 152
   6.1.2 Regra para o setor de comercialização 156
6.2 A previsão da arbitragem no edital de licitação 157
   6.2.1 Regra para os contratos de geração, distribuição e transmissão 157
   6.2.2 Regra para o setor de comercialização 160
6.3 Local da arbitragem e o idioma a ser utilizado no litígio 160

6.3.1 *Regra para os contratos de geração, distribuição e transmissão* 161
6.3.2 *Regra para o setor de comercialização* 163
6.4 A questão da confidencialidade 164
6.4.1 *Regra para os contratos de geração, distribuição e transmissão* 164
6.4.2 *Regra para o setor de comercialização* 166
6.5 Legislação a ser aplicada 169
6.5.1 *Regra para os contratos de geração, distribuição e transmissão* 169
6.5.2 *Regra para o setor de comercialização* 170
6.6 Escolha e contratação da câmara arbitral e dos árbitros 170
6.6.1 *A escolha prévia de uma câmara arbitral no edital de licitação e respectivo contrato. Não incidência de licitação* 171
6.6.2 *A escolha do(s) árbitro(s). Não incidência de licitação* 173
6.7 O pagamento das despesas do litígio arbitral 176
6.7.1 *Regra para os contratos de geração, distribuição e transmissão* 176
6.7.2 *Regra para o setor de comercialização* 179
6.8 A desnecessidade de concordância do contratado para a eficácia da cláusula compromissória – Inaplicabilidade do art. 4º da Lei 9.307/96 179
6.8.1 *Regra geral para os contratos de geração, distribuição e transmissão* 179
6.8.2 *Regra para o setor de comercialização* 183

7 CONCLUSÃO 185

REFERÊNCIAS 197

INTRODUÇÃO

Diante da relevância do setor de energia para o crescimento do país, bem como para a vida individual e coletiva da população, não se mostra exagerado afirmar que o desenvolvimento econômico e social pressupõe a disponibilidade de energia elétrica farta e com custo reduzido. A realização dos valores individuais e coletivos e a promoção da dignidade humana dependem, também, da energia elétrica.

Na tentativa de se obter uma maior eficiência na prestação de determinados serviços prestados em ciclo único (incluindo o fornecimento de energia elétrica), implementou-se a chamada *fragmentação dos serviços* ou *desintegração vertical (unbundling)*.

No que tange ao fornecimento de energia elétrica, seja por fatores de cunho tecnológico, seja pela sofisticação da atividade econômica, constatou-se a possibilidade de se diferenciar as várias etapas da sua prestação.

Assim, verificou-se que as atividades de geração, transmissão, distribuição e comercialização não precisariam continuar sendo prestadas em ciclo único, por um único concessionário.

Com isso, iniciou-se um processo de *desintegração vertical (unbundling)* no setor, distinguindo as atividades monopolizadas das suscetíveis de serem prestadas em regime de competição.

Na mesma esteira dessas alterações regulatórias, vieram outras inovações introduzidas pela Lei 9.074/1995 – que criou a figura do produtor independente de energia elétrica e a comercialização como atividade autônoma, abrindo o mercado da geração de energia elétrica para competição.

Essas mudanças deixaram o setor elétrico mais dinâmico, competitivo e, consequentemente, fizeram com que se multiplicassem substancialmente as relações contratuais. Enquanto havia, basicamente, apenas um concessionário executando todas as etapas dos serviços de energia elétrica, após essa reforma regulatória passaram a existir contratos específicos com geradores, transmissores, distribuidores e comercializadores.

Como se não bastasse, cada uma dessas atividades são dependentes uma da outra. De nada adianta que a energia elétrica seja produzida se não for adequadamente transmitida e/ou distribuída. Da mesma forma, para que a distribuição de energia ocorra, mostra-se imprescindível que se tenha produzido energia suficiente para o atendimento da demanda. Por outro lado, pouco eficiente será a existência de uma Câmara de Comercialização de Energia Elétrica se não há energia suficiente a ser comercializada, ou (o que é pior) se não se produz a energia que já foi comercializada.

Toda essa estrutura fez com que o setor da energia elétrica se tornasse uma das áreas reguladas mais complexas e, consequentemente, propícias para a utilização de formas alternativas de solucionar conflitos, tais como a conciliação, a mediação e a arbitragem.

Estudos específicos têm demonstrado que os conflitos relacionados com o setor de energia lideram a procura pela arbitragem. Em câmaras arbitrais como a CAMARB – Câmara de Arbitragem Empresarial – Brasil, por exemplo, 42% dos litígios envolvem os setores de construção civil e energia.[1] Também a Câmara FGV de Mediação e Arbitragem vem recebendo relevantes demandas relacionadas ao setor de energia.

A presente obra tem o escopo de analisar como o setor de energia elétrica vem se valendo da arbitragem, demonstrando não apenas o cabimento da sua utilização nos contratos de energia firmados pela Administração Pública, mas principalmente a sua aplicação nos contratos relacionados à geração, distribuição, transmissão e comercialização.

Fixado o objetivo do trabalho, apresenta-se uma síntese do modo pelo qual a matéria será tratada.

---

[1] Fonte: Migalhas, quinta-feira, 6 de março de 2014. Disponível em: http://www.migalhas.com.br/Quentes/17,MI196385,31047-Conflitos+societarios+e+setores+de+construcao+e+energia+lideram+busca. Acesso em: 18 jul. 2015.

O estudo se desenvolve em 6 capítulos. Após a introdução do tema, no capítulo 1, faz-se uma breve apresentação do setor elétrico. Essa apresentação se mostra relevante para distinguir, ainda que sucintamente, as características de cada uma das atividades do setor e, dessa forma, demonstrar em quais relações exatamente a arbitragem poderá vir a ser utilizada.

Ainda como preparação para a análise da aplicação da arbitragem nas relações firmadas no setor de energia elétrica, no capítulo 2 apresenta-se as formas alternativas de solucionar conflitos utilizadas no setor. Esse capítulo terá a finalidade de conceituar e diferenciar os mecanismos da negociação, mediação, conciliação e arbitragem.

A fixação desses conceitos será fundamental para a análise de alguns aspectos que serão enfrentados nos capítulos seguintes, onde verificaremos que a utilização de algumas dessas formas alternativas de solucionar conflitos se mostra obrigatória em determinadas atividades.

Além disso, diante da previsão Constitucional de que os serviços e instalações de energia elétrica representam atividades exclusivas da União, que pode explorá-las diretamente ou mediante os institutos da autorização, concessão ou permissão (CF, art. 21, inc. XI, 'b'), impunha-se o exame do próprio cabimento da utilização da arbitragem pela Administração Pública.

Afinal de contas (com exceção do setor de comercialização de energia elétrico, como veremos no capítulo 5), nessas relações a União Federal (ou a ANEEL, por delegação daquela) será parte e, por essa razão, passará a adquirir direitos e obrigações, de modo que os futuros e eventuais litígios terão impacto na sua esfera jurídica.

No capítulo 4, apresentaremos como a arbitragem vem sendo empregada nos contratos firmados pela União, tanto nos serviços de geração, distribuição e transmissão. Nesse ponto, o trabalho se propôs a fazer uma investigação prática, analisando os contratos firmados de modo a identificar como cada um deles vem prevendo esses mecanismos alternativos de solucionar conflitos, incluindo a arbitragem.

Perquiriu-se, no capítulo 5, a arbitragem no setor de comercialização de energia elétrica, que representa um dos pontos mais complexos do presente trabalho. Foi justamente no setor de comercialização que a arbitragem foi efetivamente introduzida no setor, passando a ser, em alguns casos, compulsória entre os agentes integrantes da Câmara de Comercialização de Energia

Elétrica – CCEE, sejam empresas privadas, públicas ou sociedades de economia mista (incluindo suas subsidiárias ou controladas).

Ao final, no capítulo 6, explora-se os aspectos operacionais da arbitragem no setor de energia elétrica, envolvendo discussões práticas tais como a utilização de arbitragem *ad hoc* e institucional, a previsão da arbitragem no edital da licitação, o local e o idioma a ser utilizado no litígio, a legislação a ser aplicada, formas de escolha e contratação das Câmaras Arbitrais, dentre outros.

O diferencial proposto nesse capítulo foi dividir a análise desses aspectos operacionais por regras aplicáveis aos contratos de geração, distribuição e transmissão e regra específica para o setor de comercialização de energia elétrica.

Essa distinção se mostra relevante porque a utilização da arbitragem nos contratos de geração, distribuição e transmissão segue basicamente o mesmo regramento da arbitragem nos contratos firmados pela Administração Pública. Afinal, todos esses contratos (executados ou no regime de concessão de serviço público, ou de concessão de uso, ou de permissão ou, ainda, de autorização) possuem como parte a União ou a ANEEL, por delegação daquela.

Por outro lado, os contratos firmados no âmbito da Câmara de Comercialização de Energia Elétrica – CCEE representam relações econômicas (ainda que fortemente reguladas) que, na grande maioria dos casos, ocorrem apenas entre empresas privadas que atuam na CCEE comprando e vendendo energia.

Contudo, no mercado de geração de energia elétrica (que também representa uma das categorias de Agentes da CCEE) há forte presença do Estado, sendo que 8 (oito) das 10 (dez) empresas com maior capacidade de geração de energia elétrica instalada, são estatais.

Portanto, as regras e procedimentos dos processos arbitrais envolvendo os contratos firmados no âmbito da CCEE terão de estar alinhados com essa realidade, de que relações contratuais idênticas ora serão firmadas entre empresas exclusivamente privadas, ora por estatais.

Por fim, são apresentadas as conclusões extraídas ao longo do estudo.

Capítulo 1
DO CICLO COMPLETO À FRAGMENTAÇÃO DO SETOR DE ENERGIA ELÉTRICA BRASILEIRO

Antes de adentrarmos nos pontos focais da presente obra, é importante compreendermos como cada uma das atividades do setor de energia elétrica está estruturada. Esse conhecimento nos auxiliará a compreender a importância dos modelos alternativos de solucionar conflitos adotados no setor elétrico.

Poucos setores ligados ao serviço público sofreram tantas modificações estruturais, no contexto jurídico, quanto o elétrico.

Inicialmente, levando em conta a regulamentação da Constituição de 1824, o serviço de energia elétrica era considerado de responsabilidade do império, mas de *interesse local*.[2]

A Constituição de 1891, mantendo a mesma ideologia da Carta anterior, reforçou o caráter eminentemente local do serviço, atribuindo aos Estados e Municípios competência para firmar contratos de concessão de energia elétrica.[3]

---

[2] SANCHES, Luiz Antonio Ugeda. *Curso de direito da energia:* da história. São Paulo: Instituto Geodireito, 2011. T. I. p. 50.

[3] LIMA, Cristiana Maria Melhado Araujo. Contornos das concessões do setor elétrico brasileiro. 2015. 208 folhas. Tese (Doutorado em Direito) – Faculdade de Direito, Pontifícia Universidade Católica de São Paulo, São Paulo. 2015.

Em razão dessa opção constitucional da época, desenhou-se um quadro em que a maior parte das concessões de energia elétrica era municipal,[4] com algumas raras concessões estaduais.[5]

Dessa forma, os Municípios configuravam-se como os poderes concedentes da distribuição de energia, enquanto os Estados realizavam as concessões de aproveitamento e utilização de queda d'água.[6] Os contratos firmados pelos Municípios (que eram regidos pelo Direito Civil) tinham por objeto a cessão de uso do solo municipal em caráter de exclusividade.[7]

Essa sistemática passou a ser alterada após a queda da bolsa de Nova York, em 1929. Em razão desse momento histórico, que também impactou na economia brasileira, o Governo Federal brasileiro redefiniu os rumos do país, passando a adotar uma postura mais intervencionista, baseada na Teoria Geral de Keynes[8].

Nesse período, o serviço de energia elétrica começa a deixar de possuir um interesse eminentemente local e passa a ter um interesse maior por parte da União, concluindo-se que deveria a energia elétrica ser qualificada como de interesse nacional.[9]

Em decorrência desse novo cenário, entra em vigor o Código de Águas, Decreto n. 24.643, de 10 de julho de 1934,[10] por meio do qual toda e qualquer fonte energética passa a ser considerada patrimônio do país, sendo inalienável e imprescritível.

---

[4] WALTENBERG, David A. M.. O direito da energia elétrica e a ANEEL. In: SUNDFELD, Carlos Ari (Coord.). *Direito administrativo econômico*. Malheiros: São Paulo, 2000. p. 354.

[5] Como concessão estadual pode ser apontada a ocorrida o aproveitamento dos sistema hídrico, entre os rios tietê e pinheiros, na região metropolitana de São Paulo.

[6] LIMA, Cristiana Maria Melhado Araujo. Contornos das concessões do setor elétrico brasileiro. 2015. Tese de Doutoramento em Direito, Pontifícia Universidade Católica de São Paulo, São Paulo. 2015.

[7] SANCHES, Luiz Antonio Ugeda. Curso de direito da energia: da história. São Paulo: Instituto Geodireito, 2011, p. 74.

[8] REGO, Erik Eduardo. Usinas Hidrelétricas "Botox": Aspectos Regulatórios e Financeiros nos Leilões de Energia. 2007, 207 folhas. Dissertação (Pós-graduação em Engenharia), Programa Interunidades de Pós-Graduação em Energia – PIPGE, São Paulo. 2007, p. 11.

[9] SANCHES, Luiz Antonio Ugeda. *Curso de direito da energia*: da história. São Paulo: Instituto Geodireito, 2011, p. 76.

[10] WALTENBERG, David A. M.. O Direito da energia elétrica e a ANEEL. In: SUNDFELD, Carlos Ari (coord). *Direito administrativo econômico*. São Paulo: Malheiros, 2000, p. 354

Como destaca Cristiana Maria Melhado Araujo Lima, o Código de Águas realiza o primeiro importante corte, distinguindo-se a propriedade do solo das propriedades de quedas d'água e outras fontes de energia hidráulica para exploração e aproveitamento industrial, conceitos confundidos pela regulação anterior.[11]

Com a Constituição Federal de 1988 começa uma preparação para significativas alterações no setor elétrico. Seguindo a linha adotada pelo Código de Águas, a Lei Maior disciplinou tais serviços no art. 21, inc. XII, alínea "b", como de titularidade da União, podendo ser explorados diretamente ou mediante autorização, permissão ou concessão.

Diante da necessidade de favorecer a eficiência e a expansão do sistema de prestação do serviço de energia elétrica, surge forte tendência de modificação da modelagem do regime jurídico aplicável ao setor.

No âmbito infraconstitucional, as primeiras mudanças ocorreram com o advento das Leis nº 8.987/1995 e nº 9.074/1995, que passaram a tratar das concessões de energia elétrica de modo diverso ao anteriormente estabelecido.

Por meio da Lei Geral de Concessões (Lei n. 8.987, de 13 de fevereiro de 1995), permitiu-se que a exploração de serviços públicos fosse transferida para o setor privado, mantendo-se a titularidade estatal. Também a Lei nº 9.074/1995, de 7 de julho de 1995, apresentou importantes previsões de institutos do regime jurídico aplicável ao setor elétrico em seu Capítulo II.[12]

A esse respeito, Cristiana M. Melhado destaca que a Lei n. 9.074/1995 implementou o regime de concorrência no setor de energia, promovendo a desverticalização das atividades relacionadas aos serviços de energia elétrica.

> Diversamente do regime anterior – em que todas as atividades do ciclo sistêmico eram realizadas de modo integrado, de modo que a mesma empresa realizava as atividades de produção, transporte e distribuição de energia, num sistema que era concebido de forma verticalizada –,

---

[11] LIMA, Cristiana Maria Melhado Araujo. Contornos das concessões do setor elétrico brasileiro. 2015. 208 folhas. Tese (Doutorado em Direito) – Faculdade de Direito, Pontifícia Universidade Católica de São Paulo, São Paulo. 2015.

[12] CASAGRANDE, Paulo Leonardo. Reforma e crise no setor elétrico brasileiro. In: ROCHA, Bolívar Moura (Org.). *A regulação da infra-estrutura no Brasil:* balanço e propostas. São Paulo: IOB – Thomson, 2003. p. 57/96. p. 67-68.

no modelo de 1995 já se observava a necessária diferenciação entre a concessão de cada atividade de forma individualizada nos serviços de energia elétrica, conforme facilmente se depreende dos parágrafos do art. 4º da Lei n. 9.074/1995.[13]

A reforma setorial buscou estabelecer maior competição, trazendo ao serviço ambiente de maior abertura ao mercado. Segundo Luiz Antônio Ugeda Sanchez:[14]

> Assim, o objetivo principal do modelo brasileiro foi separar o serviço de energia elétrica, que trabalha com a *commodity* e deve ser aberta à competição, bem como às regras do livre mercado, daqueles que trabalham com o transporte da energia mediante rede aérea ou subterrânea que devem ser reguladas pela administração pública.

Nesse período concretiza-se o processo de *desintegração vertical* (*unbundling*) do setor elétrico brasileiro – ocorrendo a divisão dos serviços prestados em regime de exclusividade daqueles que podem vir a ser prestados em regime de competição. Ou seja, as atividades de geração, transmissão e distribuição, que antes eram prestadas por uma mesma empresa (de forma verticalizada) passaram a ser prestadas de modo independente, como veremos adiante.

1.1 Geração de energia elétrica

A geração (ou produção) é o processo pelo qual se transforma em energia elétrica qualquer outra forma de energia, seja qual for a sua origem (art. 3º do Decreto 41.019, de 26 de fevereiro de 1957).

---

[13] LIMA, Cristiana Maria Melhado Araujo. Contornos das concessões do setor elétrico brasileiro. 2015. 208 folhas. Tese (Doutorado em Direito) – Faculdade de Direito, Pontifícia Universidade Católica de São Paulo, São Paulo. 2015, p.34.

[14] SANCHES, Luiz Antonio Ugeda. Curso de direito da energia: da história. São Paulo: Instituto Geodireito, 2011, p. 294.

A produção de energia elétrica, de acordo com David A. M. Waltemberg,[15] nada mais é do que o:

> processo através do qual transforma-se um outro tipo qualquer de energia em energia elétrica. Transforma-se a energia do sol em energia elétrica; transforma-se a energia dos ventos em energia elétrica; transforma-se a energia das águas dos rios em energia elétrica; e, assim por diante, com relação à energia resultante da fissão nuclear, à energia resultante de outros processos térmicos etc.. Então, grosso modo, produção ou geração de energia elétrica é o processo pelo qual se obtém a transformação de outras formas de energia em energia elétrica.

Trata-se de um ramo do setor em que a competição pode ser implementada mais facilmente. Atualmente, há 3 (três) regimes legais de geração de energia elétrica, podendo tal atividade ser explorada por meio de (i) concessionário de serviço público, (ii) produtor independente e (iii) autoprodutor.

Cada uma dessas espécies de exploração tem as suas peculiaridades, e o enquadramento jurídico dessas atividades varia segundo alguns critérios: (i) a fonte primária de energia; (ii) a potência da usina; e (iii) a destinação final da energia produzida (mercado regulado, livre, ou uso exclusivo do autoprodutor).[16]

1.1.1 Concessão de serviço público

Sem adentrarmos de forma mais aprofundada no conceito e nas consequências advindas da caracterização de determinada atividade como serviço público, cabe destacar que a concessão de serviço público de energia elétrica representa uma das formas de exploração de potencial energético mais antigas, proveniente do Código de Águas de 1934[17] (Decreto 24.643, de 10 de julho de 1934).

---

[15] WALTEMBERG, David A. M. O Direito da energia elétrica e a ANEEL. In: Carlos Ari Sundfeld (coord). *Direito administrativo econômico*. São Paulo: Malheiros, 2000, p. 356.

[16] Critérios identificados por Fernando Antonio Santiago Junior. Regulação do setor elétrico brasileiro, Belo Horizonte: Fórum, 2010, p. 48.

[17] "Art. 139. O aproveitamento industrial das quedas de águas e outras fontes de energia hidráulica, quer do domínio público, quer do domínio particular, far-se-há pelo regime de autorizações e concessões instituído neste Código."
"Art. 140. São considerados de utilidade pública e dependem de concessão.

Trata-se de um serviço voltado ao atendimento da sociedade, em que o concessionário recebe a outorga de uma concessão para produzir energia elétrica, tendo como contrapartida o direito de cobrar tarifas reguladas pelo Poder Concedente.

Nos termos do art. 5º, inc. I, da Lei 9.074/95, são objeto de concessão de serviço público, mediante licitação, *"o aproveitamento de potenciais hidráulicos e a implantação de usinas termoelétricas de potência superior a 50.000 kW (cinquenta mil quilowatts) destinados a execução de serviço público"*.

1.1.2 Autoprodução

O autoprodutor, assim como o concessionário de serviço público, representa uma das atividades mais antigas do setor, sendo também proveniente do Código de Águas de 1934[18] (art. 141 do Decreto 24.643, de 10 de julho de 1934).

Como o próprio nome induz, o autoprodutor produz energia para consumo próprio, ou seja, para suprir suas próprias necessidades, sendo muito utilizado no setor industrial.

Nos termos da Lei 9.074/95, a exploração de geração de energia elétrica por autoprodutor poderá se dar mediante *concessão de uso de bem público*, ou por meio de simples *autorização*. Em razão da natureza da sua atividade, a Lei não previu a sua exploração mediante concessão de serviço público.

Far-se-á necessária a concessão de uso de bem público nos casos de aproveitamento de potenciais hidráulicos de potência superior a 50.000 kW (art. 5º, inc. III, da Lei 9.074/95).

A geração de energia elétrica por autoprodutor, por meio de simples autorização, também terá como critério diferenciador a potência instalada.

---

a) os aproveitamentos de quedas d'agua e outras fontes de energia hidráulica de potência superior a 150 kws. Seja qual for a sua aplicação.
b) **os aproveitamentos que se destinam a serviços de utilidade publica federal, estadual ou municipal ou ao comércio de energia seja qual for a potência."**
[18] "Art. 141. Dependem de simples autorização, salvo o caso do § 2º, do art. 139, os aproveitamentos de quedas de água e outras fontes de energia de potência até o máximo de 150kws. quando os permissionários forem titulares de direitos de ribeirinidades com relação à totalidade ou ao menos à maior parte da seção do curso d'agua a ser aproveitada **e destinem a energia ao seu uso exclusivo**" (grifado).

Nos termos do art. 7º da Lei 9.074/95, são objeto de autorização a implantação de *usinas termelétricas*, de potência superior a 5.000 kW, destinada a uso exclusivo do autoprodutor (inciso I).

Em se tratando de aproveitamento de potenciais hidráulicos, dependem de autorização as usinas de potência superior a 5.000 kW e igual ou inferior a 50.000 kW, destinados a uso exclusivo do autoprodutor (inciso II).

Nos casos das pequenas centrais hidrelétricas – PCHs, exploradas por autoprodutor, também se sujeita à autorização o aproveitamento de potencial hidráulico de potência superior a 5.000 kW e igual ou inferior a 30.000 kW (art. 26, inc. I, da Lei 9.427, de 26 de dezembro de 1996).

Da mesma forma, será objeto de autorização a exploração pelo autoprodutor do aproveitamento de potencial hidráulico de potência superior a 5.000 (mil) kW e igual ou inferior a 50.000 (cinquenta mil) kW, independentemente de ter ou não características de pequena central hidrelétrica (art. 26, inc. VI, da Lei 9.427, de 26 de dezembro de 1996).

Por fim, o art. 8º, *caput*, da Lei 9.074/95 preceitua que "O aproveitamento de potenciais hidráulicos e a implantação de usinas termoelétricas de potência igual ou inferior a 5.000 kW (cinco mil quilowatts) estão dispensados de concessão, permissão ou autorização, *devendo apenas ser comunicados ao poder concedente*".

Nesse ponto, David A. M. Waltemberg[19] destaca que:

> A comunicação é aplicável aos aproveitamentos de pequeno porte, que, por serem de pequeno porte, por disposição constitucional, constante no art. 176, par. 3º, da Constituição Federal, dispensam concessão, permissão ou autorização. De acordo com a legislação ordinária de regência da matéria, basta que o empreendedor comunique a exploração desse tipo de potencial ao órgão federal competente, a ANEEL.

Em que pese a função primordial do autoprodutor, que é produzir energia para consumo próprio, cabe destacar que, mediante autorização específica da ANEEL, este agente poderá comercializar o excedente de energia produzida

---

[19] WALTEMBERG, David A. M. O Direito da energia elétrica e a ANEEL. In: Carlos Ari Sundfeld (coord). *Direito administrativo econômico*. São Paulo: Malheiros, 2000, p.361.

(arts. 3º e 3º-A da Lei 10.848, de 15 de março de 2004 e art. 28 do Decreto n. 2003, de 10 de setembro de 1996).[20],[21]

1.1.3 Produção independente

A figura do produtor independente foi introduzida mais recentemente no setor, pela Lei 9.074/1995. Trata-se de um sistema intermediário entre a concessão de serviço público e o autoprodutor, pois o produtor independente pode gerar energia, *por sua conta e risco*, para consumo próprio ou para comercializar toda ou parte da energia produzida.

---

[20] Art. 3º O Poder Concedente homologará a quantidade de energia elétrica a ser contratada para o atendimento de todas as necessidades do mercado nacional, bem como a relação dos novos empreendimentos de geração que integrarão, a título de referência, o processo licitatório de contratação de energia.
§ 1º Para os fins deste artigo, os concessionários e os autorizados de geração, as concessionárias, as permissionárias e as autorizadas de distribuição, os comercializadores e os consumidores enquadrados nos arts. 15 e 16 da Lei no 9.074, de 7 de julho de 1995, deverão informar ao Poder Concedente a quantidade de energia necessária para atendimento a seu mercado ou sua carga.
§ 2º No edital de licitação para novos empreendimentos de geração elétrica, poderá constar porcentual mínimo de energia elétrica a ser destinada ao mercado regulado, **podendo a energia remanescente ser destinada ao consumo próprio ou à comercialização para contratação livre.**
§ 3º Com vistas em garantir a continuidade do fornecimento de energia elétrica, o Poder Concedente poderá definir reserva de capacidade de geração a ser contratada.
Art. 3o-A Os custos decorrentes da contratação de energia de reserva de que trata o art. 3o desta Lei, contendo, dentre outros, os custos administrativos, financeiros e encargos tributários, serão rateados entre todos os usuários finais de energia elétrica do Sistema Interligado Nacional – SIN, incluindo os consumidores referidos nos arts. 15 e 16 da Lei no 9.074, de 7 de julho de 1995, e no § 5º do art. 26 da Lei nº 9.427, de 26 de dezembro de 1996, **e os autoprodutores apenas na parcela da energia decorrente da interligação ao SIN, conforme regulamentação.**
[21] Art. 28. Mediante prévia autorização do órgão regulador e fiscalizador do poder concedente, será facultada:
I – a cessão e permuta de energia e potência entre autoprodutores consorciados em um mesmo empreendimento, na barra da usina;
II – a compra, por concessionário ou permissionário de serviço público de distribuição, do excedente da energia produzida;
III – a permuta de energia, em montantes economicamente equivalentes, explicitando os custos das transações de transmissão envolvidos, com concessionário ou permissionário de serviço público de distribuição, para possibilitar o consumo em instalações industriais do autoprodutor em local diverso daquele onde ocorre a geração.

Nos termos do art. 11 da Lei 9.074/95:

> Considera-se produtor independente de energia elétrica a pessoa jurídica ou empresas reunidas em consórcio que recebam concessão ou autorização do poder concedente, para produzir energia elétrica destinada ao comércio de toda ou parte da energia produzida, por sua conta e risco.

A criação do produtor independente abriu a atividade de produção de energia elétrica à concorrência.[22]

Referida Lei submete o produtor independente às regras de comercialização regulada ou livre, assegurando-lhe o direito de acesso à rede das concessionárias e permissionárias do serviço público de distribuição e das concessionárias do serviço público de transmissão (parágrafo único do art. 11 da Lei 9.074/95).

A exploração, pelo produtor independente, dar-se-á mediante concessão de uso de bem público nos casos de aproveitamento de *potenciais hidráulicos* de potência superior a 1.000 kW (inciso I do art. 3º do Decreto 2.003, de 10 de setembro de 1996).

No que tange às *usinas termelétricas* destinadas a produtor independente, a Lei 9.074/95 estabelece que elas poderão ser objeto de *concessão*, mediante licitação, ou autorização (art. 6º). Contudo, referida Lei não define o tipo de concessão que será outorgada. Nas palavras de David A. M. Waltemberg,[23] *"não há de ser [concessão] de serviço público, nem de uso de bem público; o Decreto 2.003, de 1996 (art. 4º, I), indica apenas a autorização para este caso (que também não é de uso de bem público)".*

Com base no Decreto 2.003/1996 (que regulamenta a produção de energia elétrica por Produtor Independente e por Autoprodutor), a produção de

---

[22] SANTIAGO JUNIOR, Fernando Antonio. Regulação do setor elétrico brasileiro. Belo Horizonte: Fórum, 2010, p. 48.
[23] WALTEMBERG, David A. M. O Direito da energia elétrica e a ANEEL. In: Carlos Ari Sundfeld (coord). *Direito administrativo econômico*. São Paulo: Malheiros, 2000, p. 376.

energia elétrica por produtor independente, por meio de usina termelétrica, dar-se-á apenas por meio de autorização.[24]

As pequenas centrais hidrelétricas – PCHs, assim como ocorre com os autoprodutores, também dependem de autorização para o aproveitamento de potencial hidráulico de potência superior a 5.000 kW e igual ou inferior a 30.000 kW (art. 26, inc. I, da Lei 9.427, de 26 de dezembro de 1996).

Também será objeto de autorização a exploração do aproveitamento de *potencial hidráulico* de potência superior a 5.000 (mil) kW e igual ou inferior a 50.000 (cinquenta mil) kW, *independentemente de ter, ou não, características de pequena central hidrelétrica* (art. 26, inc. VI, da Lei 9.427, de 26 de dezembro de 1996).

1.2 Transmissão

Como decorrência da geração de energia elétrica, entra em atividade a figura daquele que irá "transportar" a energia produzida. Ou seja, toda a energia gerada precisa ser transportada até os seus destinatários, sendo que tal atividade poderá se dar mediante a utilização de dois segmentos de transporte (a transmissão ou a distribuição).

A utilização de cada um desses segmentos ocorrerá de acordo com as características técnicas e com o nível de tensão da cada um.

A transmissão de energia elétrica ocorre mediante a utilização de linhas de transmissão compostas de torres, cabos e outros equipamentos que operam, sobretudo, com tensões altas e extra-altas.

Trata-se de um serviço autônomo, *de natureza de serviço público*, prestado através da *concessão de serviço*.

Escapam a esse regime apenas os pequenos trechos de transmissão[25] que, "*de um lado, interconectam as usinas à Rede Básica e, de outro, conectam a Rede Básica*

---

[24] Art. 4º Dependem de autorização: I – a implantação de usina termelétrica de potência superior a 5.000 kW, destinada a autoprodutor e a produtor independente;

[25] Nos termos do art. 17 da Lei 9.074/95: "Art. 17. O poder concedente deverá definir, dentre as instalações de transmissão, as que se destinam à formação da rede básica dos sistemas interligados, as de âmbito próprio do concessionário de distribuição, as de interesse exclusivo das centrais de geração e as destinadas a interligações internacionais.

aos sistemas de distribuição; esses trechos de transmissão são considerados de interesse restrito da respectiva geração ou distribuição, e sua exploração é tida como integrada à correspondente concessão, permissão ou autorização".[26]

Não se trata de uma atividade competitiva, ou seja, a empresa transmissora apenas executa a transmissão da energia, nada mais. Por isso, as tarifas cobradas pela transmissão são reguladas pela ANEEL.

Ademais, por questões de ordem econômica e de fato, o transporte dessa energia acaba ficando submetida a um monopólio natural *(monopólio do fio)*.[27-28] Isso porque, levando em conta os altos custos de construção e manutenção dessas redes, seria praticamente inviável, do ponto de vista econômico, implementar uma competição entre esses agentes.

§ 1º As instalações de transmissão de energia elétrica componentes da rede básica do Sistema Interligado Nacional – SIN serão objeto de concessão, mediante licitação, na modalidade de concorrência ou de leilão e funcionarão integradas ao sistema elétrico, com regras operativas aprovadas pela Aneel, de forma a assegurar a otimização dos recursos eletroenergéticos existentes ou futuros; § 2º As instalações de transmissão de âmbito próprio do concessionário de distribuição poderão ser consideradas pelo poder concedente parte integrante da concessão de distribuição; § 3º As instalações de transmissão de interesse restrito das centrais de geração poderão ser consideradas integrantes das respectivas concessões, permissões ou autorizações."

[26] WALTEMBERG, David A. M. O Direito da energia elétrica e a ANEEL. In: Carlos Ari Sundfeld (coord). *Direito administrativo econômico*. São Paulo: Malheiros, 2000, p. 365.

[27] SUNDFELD, Carlos Ari e CÂMARA, Jacinto Arruda. Existe monopólio do fio? *Revista do Direito da Energia*, São Paulo, n. 03, p. 102, 2005.

[28] Marçal Justen Filho destaca que "Monopólio natural é uma situação econômica em que a duplicação de operadores é incapaz de gerar a redução do custo da utilidade. O monopólio natural envolve, geralmente, as hipóteses de custos fixos (atinentes à infraestrutura necessária à produção da utilidade) muito elevados. A duplicação das infraestruturas conduziria a preços unitários mais elevados do que a exploração por um único agente econômico. Ou seja, quanto maior o número de usuários do sistema, menor o custo para fornecer outras prestações". E conclui: "É o caso da energia elétrica, construído a partir da ideia de ciclo completo, em que uma única e mesma empresa dominava todas as atividades pertinentes (desde a geração até a comercialização de energia). Mas o progresso científico ao longo das últimas duas décadas, propiciou alteração radical. Novas tecnologias permitem a geração de energia por processos muito mais baratos e com elevadíssima eficácia. Há plena possibilidade de competição no plano da geração da energia. Ou seja, a realidade contemporânea apresenta um panorama econômico-material distinto daquele do início do século XX." (JUSTEN FILHO, Marçal, *Curso de Direito Administrativo*. 11. ed., São Paulo: Revista dos Tribunais, 2015, p. 743-744). Para Umberto Celli Júnior e Cláudia Silva de Santana, "Monopólio natural é como a teoria econômica denomina certas atividades que possuem características estruturais que dificultam ou inviabilizam o estabelecimento da concorrência". (Telecomunicações no Brasil: balanço e perspectivas. *Revista de Direito Mercantil*, São Paulo, n. 134, 2004, p. 180).

1.3 Distribuição

A distribuição é a atividade pela qual se transporta a energia produzida aos seus destinatários finais. Contudo, diferentemente da transmissão, a distribuição serve para transportar cargas com tensões menores, consistindo no fornecimento de energia a consumidores em média e baixa tensão.

No serviço de distribuição de energia elétrica predomina o regime de serviço público, mediante a outorga de *concessões de serviço público*.

As concessionárias de distribuição fornecem energia para uma ampla rede de consumidores, sendo que estes podem ser qualquer pessoa física ou jurídica que venha a solicitar o fornecimento de energia e assuma os encargos correspondentes, fixados pela ANEEL.

Também identificamos a atividade de distribuição de energia nas cooperativas de eletrificação rural, que têm a função de adquirir energia elétrica de um fornecedor e rateá-la entre os seus cooperados. Quando a cooperativa atende apenas aos seus cooperados, sua titulação é feita por autorização e caracteriza-se como um serviço privado de distribuição.[29]

Contudo, algumas cooperativas se desenvolveram consideravelmente, ocupando áreas não atendidas pelas concessionárias de distribuição. Com isso passaram a fornecer energia elétrica para núcleos urbanos, inclusive consumidores não-cooperados.

Para essas cooperativas, opera-se o regime jurídico da *permissão*, único caso da utilização desse instituto no setor de energia elétrica.

Identifica-se, assim, 3 (três) regimes jurídicos na atividade de distribuição de energia elétrica: o da concessão de serviço público, explorado pelas diversas concessionárias que atendem à população em geral; a da autorização, explorada pelas cooperativas de eletrificação rural, restrita ao atendimento de seus cooperados; e a permissão, explorada pelas cooperativas de eletrificação rural que atendem, além dos seus cooperados, uma parte da sociedade.

---

[29] WALTEMBERG, David A. M. O Direito da energia elétrica e a ANEEL. In: Carlos Ari Sundfeld (coord). *Direito administrativo econômico*. São Paulo: Malheiros, 2000, p. 367.

1.4 Comercialização

O segmento da comercialização de energia elétrica é o responsável pela compra e venda de energia.[30]

A figura autônoma da comercialização de energia elétrica, desmembrada da atividade de distribuição de energia, surgiu mais recentemente (pela Lei 9.648, de maio de 1998) – o que possibilitou a venda de energia também por outros agentes.

Com isso, houve o seu desmembramento da atividade de distribuição, que ficou com as instalações físicas, ao passo que as atividades de venda de energia passaram a poder ser exercidas por outros agentes, mesmo que não possuidores de infraestrutura de distribuição.

A comercialização de energia elétrica está sujeita a um regime competitivo, permitindo a participação de diversos agentes. Tanto os produtores de energia que prestam serviços públicos, os autoprodutores e produtores independentes podem comercializar livremente a energia que produzem, apenas respeitando as limitações regulatórias impostas para cada uma dessas atividades.

Ou seja, a energia elétrica produzida por meio de concessões, permissões e autorizações *compreende* a qualificação para a sua comercialização. Da mesma forma, o importador de energia e os concessionários e permissionários de distribuição de energia podem comercializá-la.[31]

Como destaca David Waltenberg,[32] apenas as empresas de transmissão estão *impedidas* de comercializar energia, e assinala:

> Somente as empresas de transmissão não podem comercializar energia, de modo a manter a neutralidade setorial. Pode-se também entender que as cooperativas de eletrificação rural, titulares de autorização para distribuição, não comercializam energia, visto que sua entrega

---

[30] Contudo, em alguns "*negócios entabulados por comercializadores, esses podem apenas intermediar a compra e venda*" (WALTEMBERG, David A. M. O Direito da energia elétrica e a ANEEL. In: Carlos Ari Sundfeld (coord). *Direito administrativo econômico*. São Paulo: Malheiros, 2000, p. 367.
[31] WALTEMBERG, David A. M. O Direito da energia elétrica e a ANEEL. In: Carlos Ari Sundfeld (coord). *Direito administrativo econômico*. São Paulo: Malheiros, 2000, p. 369.
[32] WALTEMBERG, David A. M. O Direito da energia elétrica e a ANEEL. In: Carlos Ari Sundfeld (coord). *Direito administrativo econômico*. São Paulo: Malheiros, 2000, p. 369.

aos cooperados não se caracteriza como comercialização, mas como mero rateio de energia, associado ao correspondente rateio de custos, sendo que elas não podem atender não-cooperados.

Além de comercialização *compreendida*, há, ainda, a atividade de comercialização dissociada da geração, distribuição ou importação. Trata-se de um mercado autônomo de comercialização, introduzido pela Lei 9.648, de maio de 1998, que previu a figura do agente comercializador – cuja atividade se dará mediante autorização da ANEEL.

Essas empresas comercializadoras compram energia por meio de contratos bilaterais no ambiente livre, podendo revender esta energia aos consumidores livres ou a outros comercializadores. Também podem revender aos distribuidores, neste caso apenas nos leilões do ambiente regulado. Ou seja, trata-se de empresas que não geram e não distribuem energia (sequer possuem infraestrutura para tanto). Apenas atuam no mercado comprando e vendendo energia elétrica.

Essas operações são negociadas livremente entre os Agentes de mercado, sem a interferência da CCEE. Contudo, esses contratos devem ser, obrigatoriamente, registrados na CCEE, que é a instituição responsável por realizar a liquidação financeira das diferenças entre os montantes contratados e os montantes efetivamente consumidos.

1.5 Importação, exportação e a transformação de energia

Por fim, há ainda as atividades de importação e exportação de energia, que dependem de autorização federal e não configuram segmentos setoriais autônomos, mas diferentes formas de manifestação dos segmentos de transmissão e/ou comercialização.[33]

Da mesma forma, a transformação de energia não é considerada uma atividade autônoma, uma vez que está presente em outros segmentos como na geração e na transmissão de energia.

---

[33] WALTEMBERG, David A. M. O Direito da energia elétrica e a ANEEL. In: Carlos Ari Sundfeld (coord). *Direito administrativo econômico*. São Paulo: Malheiros, 2000, p. 371.

Em síntese: a transformação de energia pode ser elevadora, ou seja, utilizada para se ampliar a tensão da energia gerada de modo a possibilitar a sua transmissão para grandes blocos de energia; ou, poderá ser utilizada para diminuir a tensão, de modo a viabilizar a utilização pelos destinatários finais.

1.6 A multiplicação das relações contratuais. Resultado da desverticalização ocorrida no setor

Como se pode constatar, a análise do setor elétrico brasileiro não é tarefa fácil.

Toda essa complexidade decorre, em grande medida, da *desintegração vertical (unbundling)* ocorrida, bem como das inovações legais que criaram a figura do produtor independente e a comercialização como atividade autônoma.

Essas alterações deixaram o setor elétrico mais dinâmico, competitivo e, consequentemente, fizeram com que se multiplicassem substancialmente as relações contratuais.

Fazendo uma síntese do que expomos nos itens anteriores, cada uma das atividades desenvolvidas possui regime jurídico específico – o que interfere diretamente nas avenças.

No âmbito da geração de energia, os regimes de exploração irão variar de acordo com (i) a fonte primária de energia; (ii) a potência da usina; e (iii) a destinação final da energia produzida (mercado regulado, livre, ou uso exclusivo do autoprodutor).

Ou seja, a depender de diversos critérios específicos, a atividade de geração poderá ser executada mediante os institutos da autorização, concessão de uso de bem público, concessão de serviço público ou mediante simples comunicado ao poder concedente.

Os contratos de transmissão de energia elétrica serão regidos pelo instituto da concessão de serviço público. Os de distribuição, a depender da situação, serão executados por meio de concessão de serviço público, autorização, ou por permissão.

O mercado de comercialização de energia elétrica, por sua vez, representa um mundo à parte. Nesse mercado, as avenças são firmadas em dois ambientes de contratação (regula ou livre).

O Ambiente de contratação regulada (ACR) é aquele em que a concorrência ocorre por meio de leilões centralizados e promovidos pelo Governo Federal, que estabelece o preço máximo a ser pago para os contratos de fornecimento. Tais contratos têm regulação específica para aspectos como preço da energia, submercado de registro do contrato e vigência de suprimento, os quais não são passíveis de alterações bilaterais por parte dos agentes.

No Ambiente de Contratação Livre – ACL, os geradores a título de serviço público, autoprodutores, produtores independentes, comercializadores, importadores e exportadores de energia e os consumidores livres e especiais têm liberdade para negociar a compra de energia, estabelecendo volumes, preços e prazos de suprimento. Esses contratos devem ser, obrigatoriamente, registrados na CCEE, instituição responsável por realizar a liquidação financeira das diferenças entre os montantes contratados e os montantes efetivamente consumidos.[34]

Como se não bastasse, em cada um desses ambientes de contratação há "tipos" específicos de contratos (cuja análise ultrapassaria os limites do presente trabalho) que irão variar de acordo com a natureza da transação.[35]

Levando em conta todos esses aspectos, seria, no mínimo, muito difícil que um juiz togado conseguisse se inteirar de forma adequada dos valores técnicos e econômicos em jogo, de modo a conferir a segurança jurídica necessária para o mercado.

Com base nessa apresentação podemos ter uma pequena dimensão do quão fértil é o terreno da energia elétrica para a utilização de mecanismos alternativos de solução de conflitos (que se valem de profissionais reconhecidamente especializados para solucionar esses litígios).

---

[34] Disponível em: http://www.ccee.org.br/portal/faces/pages_publico/onde-atuamos/comercializacao?_adf.ctrl-state=n9e7zqqe4_104&_afrLoop=528202270497781. Acesso em 20 jul. 2015.

[35] Esses contratos podem ser identificados no site da CCEE. Disponível em: http://www.ccee.org.br/portal/faces/pages_publico/onde-atuamos/comercializacao?_adf.ctrl--state=n9e7zqqe4_104&_afrLoop=532193258244734. Acesso em 20 jul. 2015.

Capítulo 2
FORMAS ALTERNATIVAS DE SOLUÇÃO DE CONFLITOS NO SETOR DE ENERGIA ELÉTRICA

Atualmente, há vários mecanismos denominados "meios alternativos de solucionar disputas" que vêm sendo amplamente empregados no ambiente corporativo, inclusive pelos agentes do setor elétrico.

A busca por esses mecanismos se explica na medida em que o *consenso-negociação* vem ganhando ênfase. Tem-se verificado que o maior diálogo entre as partes divergentes contribui de forma mais eficiente para a solução da controvérsia. Ademais, ninguém melhor do que as próprias partes para conhecer detalhes das suas divergências e, com base nesse conhecimento, chegarem a uma solução que seja, efetivamente, adequada.

Acentua Luiz Olavo Batista que, nos Estados Unidos, onde esses mecanismos se popularizaram rapidamente, há várias modalidades de resolução de conflitos englobadas sob a sigla ADR (*Alternative Dispute Resolution*).[36]

Além da conciliação e da mediação, que são métodos mais conhecidos pelo direito brasileiro, podemos destacar o *Mini-trial*[37] (ou processo simulado) e, principalmente no âmbito da construção civil, os chamados *dispute settlement*

---

[36] BATISTA, Luiz Olavo. Arbitragem Comercial e Internacional. São Paulo: LexMagister, 2011, p. 28.

[37] Conforme destaca L. O. Batista, o *Mini-trial*, "apresar de ter uma fase de instrução de debates e contraditórios, esta ocorre na presença de um observador ou 'conselheiro neutro', que não tem poderes para decidir. Por isso, não passa de um procedimento de conciliação

boards, mecanismo que utiliza elementos da mediação, do *fact finding* e da arbitragem. O *dispute settlement boards* (ou *dispute board*, regulamentado pela Câmara de Comércio Internacional – CCI)[38] visa a resolver divergências técnicas ou operacionais que podem ocorrer durante a execução de contratos de longo prazo.

Esses métodos alternativos, por serem mecanismos privados com o escopo de ajudar as partes a chegarem a um acordo (sendo que as suas eventuais orientações não possuem a força executiva das sentenças arbitrais), podem ser livremente construídos e desenvolvidos pelas Câmaras de Comércio e pelas próprias partes. Justamente por isso, há diversos outros mecanismos alternativos de resolução de conflitos comumente identificados, principalmente no âmbito do cenário do comércio internacional.

Em razão dos limites do presente trabalho, analisaremos adiante os institutos da mediação, conciliação e, principalmente, da arbitragem, que são os métodos expressamente previstos na legislação do setor elétrico; sendo, em algumas situações, de uso obrigatório.

2.1 Negociação

Antes, contudo, de tratarmos da mediação e da conciliação, cabe fazer a ressalva de que tais institutos não se confundem com a simples negociação.

Apesar de a negociação, mediação e a conciliação também poderem ser consideradas métodos amigáveis de composição de conflitos, há distinções entre esses três métodos.

Saber identificar essa distinção se mostra relevante porque haverá situações em que a utilização da mediação será obrigatória.

A negociação, pura e simples, dar-se-á nos casos em que as próprias partes (sem o auxílio de um mediador ou a orientação de um conciliador) iniciam as tratativas para resolverem as controvérsias decorrentes do contrato.

(ou de mediação) que só coloca fim ao litígio depois das partes debaterem, negociarem e concluírem um acordo" (*Arbitragem Comercial e Internacional*. São Paulo: LexMagister, p. 28, 2011).
[38] Os *Dispute Boards* ajudam as partes a resolver suas desavenças comerciais e podem prestar uma assistência informal ou emitir orientações. Contudo, não são tribunais arbitrais e suas orientações não possuem força executiva como as sentenças arbitrais.

Trata-se de uma conduta que pode surgir por iniciativa das próprias partes, ou em decorrência de previsão contratual, como reconhece Solange DAVID:[39]

> A solução amigável é definida como aquela em que as partes, por iniciativa própria ou em decorrência de previsão contratual, decidem buscar resolver controvérsias por meio de seus executivos e/ou administradores, que podem contar com suporte de auxiliares, os quais subsidiam com dados e informações e elaboram documentos necessários para a solução da questão.

Como se verá a seguir, há relevantes diferenças da negociação com os institutos da mediação e da conciliação.

2.2 Mediação

A mediação é um meio alternativo e voluntário de resolução de conflitos no qual um terceiro imparcial (mediador) atua no sentido de aproximar as partes para que essas possam chegar a um acordo – sem, contudo, apresentar sugestões ou opiniões a respeito da controvérsia.

Em outras palavras, o mediador tem como papel primordial utilizar-se de técnicas de abordagem para restaurar o diálogo entre as partes, de modo a viabilizar que essas possam solucionar seus conflitos por conta própria.

O mediador não tem poder de decisão, muito menos de sugerir alternativas para a solução da discórdia. Justamente por isso, não cabe ao mediador apresentar opiniões a respeito da discussão, mas apenas induzir as partes a identificar os reais interesses em jogo.[40]

Nos termos Lei nº 13.140, de 26 de junho de 2015 (que dispõe sobre a mediação entre particulares como meio alternativo de solução de controvérsias e sobre a composição de conflitos no âmbito da Administração Pública),

---

[39] DAVID, Solange. A Arbitragem e a Comercialização de Energia Elétrica no Brasil, Revista de Arbitragem e Mediação, vol. 20, p. 86, jan., 2009, DTR\2009\813, p. 11.
[40] BACELLAR, Roberto Portugal. A mediação no contexto dos modelos consensuais de resolução de conflitos. Revista de Processo, São Paulo, nº95, p. 128, jul./set. 1999, p. 129.

Considera-se mediação a atividade técnica exercida por terceiro imparcial e sem poder decisório, que, escolhido ou aceito pelas partes, as auxilia e estimula a identificar ou desenvolver soluções consensuais para a controvérsia.

Após a escolha do mediador, costuma ocorrer a designação de uma reunião na qual as partes poderão fixar um cronograma de novas reuniões – firmando, assim, um Termo de Mediação em que será fixado um prazo máximo para que as partes cheguem a um acordo. Serão por meio dessas reuniões estipuladas no Termo de Mediação que as partes tentarão pôr fim às suas discórdias.

Havendo êxito na mediação, o mediador redigirá o respectivo Termo de Acordo em conjunto com as partes e advogados. Caso contrário, o mediador registrará tal fato e recomendará às partes, quando for o caso, que a questão seja submetida à arbitragem.

Como se pode perceber, o instituto da mediação possui a virtude primordial de aproximar as partes, visando facilitar e incentivar a construção de um acordo.

Reconhecendo essas vantagens, a Agência Nacional de Energia Elétrica – ANEEL instituiu um procedimento de mediação específico para solucionar conflitos entre os agentes do setor elétrico.

Trata-se de um processo previsto na Portaria MME nº 349, de 28 de novembro de 1997, que aprovou o regimento interno da Agência Nacional de Energia Elétrica – ANEEL.

Por meio da referida Resolução ficou estipulado como atribuição específica das Superintendências da ANEEL a execução das atividades relacionadas ao processo de mediação

> **entre os agentes econômicos do setor elétrico e entre esses e seus consumidores**; ouvidoria setorial e atendimento a reclamações; participação da sociedade, mediante os mecanismos de audiência e consulta pública; apoio e orientação aos conselhos de consumidores de energia elétrica; acompanhamento da qualidade do atendimento presencial e telefônico ao consumidor; e realização de pesquisas de satisfação dos consumidores (art. 23, inc. III – grifado).

Muito embora não exista um rito procedimental específico regulamentado para os processos de mediação administrativa, o Caderno Temático ANEEL – Solução de Divergência Mediação –[41] apresenta uma orientação básica para a tramitação do processo de mediação.

Levando em conta as informações constantes no mencionado Caderno Temático, a instauração do processo de mediação (no âmbito da ANEEL) dar-se-á mediante a provocação de uma das partes – que será submetida a uma prévia triagem, visando detectar se o tema proposto oferece margem de negociação às partes sem ferir os limites da via regulatória.

Superada esta fase preliminar, a ANEEL convidará as demais partes a participarem do procedimento; e, havendo a concordância da(s) outra(s) parte(s), o processo de mediação será instaurado – momento em que as partes (em conjunto com a ANEEL) definirão os documentos a serem apresentados, bem como as datas e locais das reuniões.

Abaixo, segue quadro disponibilizado no Caderno Temático ANEEL contendo um roteiro básico do processo de mediação. Fala-se em roteiro básico porque o processo de mediação confere significativa liberdade às partes, nada impedindo que esse roteiro seja alterado.

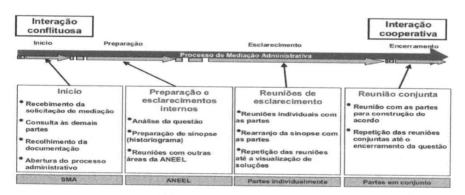

Figura 1 - Roteiro Básico de Mediação

---

[41] Disponível em: <http://www.aneel.gov.br/arquivos/PDF/CT_%208_Mediacao.pdf>. Acesso em: 11 jul. 2015.

Segundo informações apresentadas pela própria ANEEL,[42] em termos quantitativos, tem ocorrido uma média de 30 (trinta) mediações anuais, das quais resultam acordos em aproximadamente 90% dos procedimentos instaurados. Dessa forma, a mediação no âmbito da ANEEL representa uma importante ferramenta (ainda pouco divulgada) para a solução de determinadas controvérsias.

Levando em conta que o universo de agentes do setor elétrico compreende, aproximadamente, 1500 empreendimentos de geração, além de dezenas de transmissoras, distribuidoras e comercializadoras de energia elétrica, as quais são responsáveis pelo atendimento de mais de 60 milhões de consumidores,[43] podemos concluir que a mediação realizada pela ANEEL ainda poderá ser bastante explorada – principalmente pelos consumidores de energia.

Também no âmbito da comercialização de energia elétrica se previu a utilização do instituto da mediação. Como veremos de forma mais aprofundada no capítulo 5, a convenção de comercialização (e a convenção arbitral firmada) obriga os Agentes da CCEE, em determinados casos, a se valerem do processo de mediação de forma prévia à instauração da arbitragem ("Art. 59. Fica *obrigada* a Câmara de Arbitragem a instituir processo de mediação com o objetivo de promover, no âmbito privado e de forma prévia ao procedimento arbitral, uma solução amigável de Conflitos").

2.3 Conciliação

A conciliação é uma forma alternativa de solução extrajudicial de conflitos na qual um terceiro imparcial buscará, em conjunto com as partes, chegar voluntariamente a um acordo, interagindo e sugestionando junto a elas.

O conciliador (comparando-se com o mediador) possui uma atuação mais ativa, identificando as posições em conflito e, com base nesse conhecimento, expondo os riscos da posição assumida por cada uma das partes. Além disso,

---

[42] Disponível em: <http://www.aneel.gov.br/arquivos/PDF/CT_%208_Mediacao.pdf>. Acesso em: 25 jun. 2015.
[43] Disponível em: <http://www.aneel.gov.br/arquivos/PDF/CT_%208_Mediacao.pdf>. Acesso em: 25 jun. 2015.

o conciliador poderá vir a propor alternativas para o litígio, podendo, ainda, apresentar eventuais vantagens para o estabelecimento de um acordo.[44]

Portanto, o conciliador, diferentemente do mediador, tem a prerrogativa de sugerir e orientar as partes a chegarem a uma solução para os seus litígios, havendo, portanto, relevante diferença de método com a mediação.

> Enquanto o conciliador assessora, propõe alternativas e pode manifestar sua opinião acerca do conflito, a atividade do mediador se restringe à condução da negociação, sem externar a sua opinião, permitindo que as próprias partes atinjam uma composição.[45]

Trata-se de um método de solução de conflitos bastante eficiente e que, por essa razão, vem sendo largamente previsto em diversos contratos firmados no setor de energia.[46]

Também no âmbito da comercialização de energia elétrica, a conciliação vem sendo largamente aplicada. Basta verificar que a Câmara de Comercialização de Energia Elétrica – CCEE garante a todos os seus agentes o direito de solicitar a instauração de procedimento de conciliação junto à Câmara (item 3.40 do Procedimento de Comercialização, PdC, AM.03 – Solução de Conflitos).[47]

---

[44] AMARAL, Paulo Osternack. Vantagens, desvantagens e peculiaridades da arbitragem envolvendo o Poder Público, In: TALAMINI, Eduardo; PEREIRA, Cesar A. Guimarães (coords.). Arbitragem e poder público. São Paulo: Saraiva, 2010, p. 23.
CARMONA, Carlos Alberto. *Arbitragem e processo*: um comentário à Lei 9307/96. 3. ed. São Paulo: Atlas, p. 31, 2009, p. 23.
[45] AMARAL, Paulo Osternack. Arbitragem e administração pública, aspectos processuais, medidas de urgência e instrumentos de controle. Belo Horizonte: Fórum, 2012, p. 24.
[46] Esses aspectos serão demonstrados no capítulo 4 do presente trabalho.
[47] 3.41. As questões sujeitas à conciliação no âmbito da CCEE se restringem às controvérsias ou divergências de interesse entre agentes ou entre estes e a CCEE, exclusivamente fundadas na interpretação, execução e/ou aplicação das Regras e dos Procedimentos de Comercialização, excluídas as questões de cunho regulatório, de atribuição exclusiva da Agência Nacional de Energia Elétrica – ANEEL. 3.42. As controvérsias apresentadas pelo agente devem versar sobre assunto de atribuição do CAd, consoante previsão constante da Convenção de Comercialização de Energia Elétrica. As controvérsias que não atendam à condição anterior podem ser dirimidas junto à Câmara de Arbitragem da Fundação Getúlio Vargas, conforme Convenção Arbitral, aprovada pela Assembleia Geral da CCEE e homologada pela ANEEL. 3.43. O procedimento de conciliação deve transcorrer em sigilo, sendo vedado aos colaboradores

A conciliação (no âmbito da CCEE) será tratada no capítulo 5, onde analisaremos de forma mais detalhada não apenas o setor da comercialização de energia, mas principalmente os mecanismos de solucionar conflitos previstos no setor.

2.4 Arbitragem

Além dos mecanismos amigáveis de solução de conflitos, há diversos regramentos que incentivam a utilização da arbitragem no setor da energia elétrica.

No âmbito da Agência Nacional de Energia Elétrica – ANEEL, a Lei 10.438/2002[48] previu a possibilidade de os agentes do setor levarem suas controvérsias a uma *arbitragem levada a efeito pela Aneel*.

A análise dessa *arbitragem* (ou arbitragem administrativa, como vem sendo chamada)[49] será tratada no capítulo 3, onde identificaremos se tal instituto realmente caracteriza uma arbitragem (disciplinada pela Lei 9.307/96), ou se consiste em mero processo administrativo, passível de ser amplamente controlado Poder Judiciário.

Além da *arbitragem levada a efeito pela Aneel*, as Leis nº 8.987/1995, nº 11.079/04 e nº 13.129/15 admitem a possibilidade de a Administração Pública se utilizar da arbitragem (nos moldes da Lei 9.307/96) para dirimir conflitos decorrentes de suas avenças – o que se aplica aos contratos firmados no âmbito da geração, distribuição e transmissão de energia elétrica.

Foi, contudo, no âmbito da comercialização de energia elétrica que a arbitragem foi efetivamente inserida no setor. Com a entrada em vigor da Lei 10.848/2004, a utilização da arbitragem passou a ser, em alguns casos,

---

da CCEE, às partes e aos demais participantes divulgarem qualquer informação a que tenham tido acesso em decorrência de sua participação no procedimento. (Disponível no site da CCEE: <http://www.ccee.org.br/search/query/search?q=solu%C3%A7%C3%A3o%20de%20 conflitos>. Acesso em: 25 jun. 2015).

[48] Que, dentre outras providência, dispõe sobre a expansão da oferta de energia elétrica emergencial, recomposição tarifária extraordinária, cria o Programa de Incentivo às Fontes Alternativas de Energia Elétrica (Proinfa), a Conta de Desenvolvimento Energético (CDE), dispõe sobre a universalização do serviço público de energia elétrica.

[49] A esse respeito: GAMA Jr, Luro; Rodrigues, Juliana. A arbitragem privada nos setores regulados. *Revista do Advogado*, São Paulo, n. 107, p. 69, 2009.

compulsória entre os agentes integrantes da CCEE – sejam empresas privadas, públicas ou sociedades de economia mista (incluindo suas subsidiárias ou controladas).

Referida Lei, que autorizou a criação da Câmara de Comercialização de Energia Elétrica – CCEE, consignou que as regras para a resolução das eventuais divergências entre os agentes integrantes da CCEE *deverão* tratar do mecanismo e da convenção de arbitragem, nos termos da Lei no 9.307/1996 (Art. 4º, § 5º).[50]

---

[50] Esse tema será tratado de forma mais aprofundada no capítulo 5.

Capítulo 3
ARBITRAGEM

3.1 Contornos gerais da arbitragem

A arbitragem, instituída pela Lei 9.307/96, é um meio alternativo de solucionar conflitos, envolvendo direitos patrimoniais disponíveis, sem a intervenção estatal.

Nas palavras de Carlos Alberto CARMONA, arbitragem é um *"mecanismo privado de solução de litígios, por meio do qual um terceiro, escolhido pelos litigantes, impõe sua decisão, que deverá ser cumprida pelas partes.*[51]*"*

Para Selma LEMES:[52]

> A arbitragem, portanto, é um modo extrajudiciário de solução de conflitos em que as partes, de comum acordo, submetem a questão litigiosa a uma terceira pessoa, ou várias pessoas, que constituirão um tribunal arbitral. A decisão exarada por esse tribunal arbitral tem os mesmos efeitos de uma sentença judicial (art. 31 da Lei n. 9.307, de 23.09.1996).

---

[51] CARMONA, Carlos Alberto. Arbitragem e Processo, Comentário à Lei 9307/96, 3ª edição, São Paulo: Ed. Atlas, 2009, p. 31.
[52] LEMES, Selma. Arbitragem na Administração Pública. São Paulo: Quartier Latin, 2007, p. 59.

A verificação do cabimento da arbitragem exige a presença de dois aspectos, um de caráter objetivo e outro subjetivo. O primeiro aspecto refere-se às matérias suscetíveis de serem submetidas à arbitragem (conflitos envolvendo *apenas* direitos patrimoniais disponíveis). O aspecto subjetivo relaciona-se com a capacidade das partes de contratar, ou seja, com a capacidade de adquirir direitos e obrigações.

Ambos os aspectos (subjetivo e objetivo) representam condições *sine qua non* para a instauração da arbitragem, imposta pela própria Lei 9.307/96 (art. 1º).

A legislação brasileira, seguindo a sistemática do direito arbitral francês, exigiu, para que as partes se submetam à arbitragem, a necessidade da chamada **convenção de arbitragem**, assim entendida como cláusula compromissória e compromisso arbitral (artigo 3º da Lei 9307/96).[53]

Por meio da cláusula compromissória (ou cláusula arbitral), as partes deixam consignado que os futuros e eventuais litígios envolvendo a sua relação contratual serão dirimidos pela via arbitral.

O compromisso arbitral, por sua vez, é o documento em que constará (i) o nome, profissão, estado civil e domicílio das partes, (ii) nome, profissão e domicílio do árbitro, ou dos árbitros indicados, ou, se for o caso, a identificação da entidade à qual as partes delegaram a indicação dos árbitros, (iii) a matéria que será objeto da arbitragem, e (iv) o lugar em que será proferida a sentença arbitral.[54]

Contudo, nada impede que, mesmo na ausência da cláusula arbitral (ou *cláusula compromissória*) no respectivo contrato (e surgida alguma controvérsia envolvendo direitos patrimoniais disponíveis), os interessados, de comum acordo, submetam esse litígio à arbitragem. Nesse caso, as partes poderão firmar o denominado *compromisso arbitral*.

---

[53] "Art. 3º. As partes interessadas podem submeter a solução de seus litígios ao juízo arbitral mediante convenção de arbitragem, **assim entendida a cláusula compromissória e o compromisso arbitral.**" (grifo nosso)

[54] Para Carlos Alberto Carmona, contudo, existindo a cláusula arbitral cheia, possibilitando desde já a indicação de árbitros, bastaria que eles, aceitando o encargo, dessem início à arbitragem. Destarte, o compromisso seria dispensável para a instauração da arbitragem, até porque, na hipótese de a cláusula se mostrar um tanto genérica, com relação ao objeto da discussão, os árbitros escolhidos para solucionar o litígio poderão convocar as partes para delimitar o objeto do litígio, conforme autoriza o parágrafo único do artigo 19 da Lei 9.307/96.

De modo a conferir maior segurança à arbitragem, os árbitros, por expressa determinação legal, foram equiparados aos juízes de fato e de direito, sendo que as sentenças por eles proferidas não ficam sujeitas a recursos ou homologação pelo Poder Judiciário. Com isso, os árbitros foram equiparados aos funcionários públicos para os efeitos da legislação penal, sempre que estiverem no exercício de sua função, ou em razão dela (artigo 17 da Lei 9.307/96).[55]

Disso deflui que a sentença arbitral produz entre as partes e seus sucessores os mesmos efeitos da sentença judicial (proferida por juiz togado) e, sendo condenatória, constitui título executivo *judicial* – tal como determina o art. 515, inciso VII do Novo Código de Processo Civil).[56]

Além disso, a sentença arbitral, por não estar sujeita ao duplo grau de jurisdição, torna-se diretamente imutável tão logo proferida, pelo menos do ponto de vista do direito material. A análise do Poder Judiciário ficará restrita à regularidade formal do procedimento arbitral (artigo 33 da Lei 9.307/96).

3.1.1 Natureza jurídica da arbitragem

No decorrer dos anos, duas foram as correntes que se destacaram para definir a natureza jurídica da arbitragem, quais sejam: a teoria **privatista** (contratual) e a teoria **publicista** (jurisdicional).

A premissa da corrente privatista, também chamada por alguns como contratualista,[57] consiste no fato de a arbitragem originar-se de um ato de

---

[55] Art. 17 – Os árbitros, quando no exercício de suas funções ou em razão delas, ficam equiparados aos funcionários públicos, para os efeitos da legislação penal.

[56] "A equiparação entre a sentença estatal e a arbitral faz com que a segunda produza os mesmos efeitos da primeira. Por consequência, além da extinção da relação jurídica processual e da decisão da causa (declaração, condenação ou constituição), a decisão de mérito faz coisa julgada às partes entre as quais é dada (e não beneficiará ou prejudicará terceiros). Sendo condenatória, a sentença arbitral constituirá título executivo, e permitirá a constituição de hipoteca judicial." (CARMONA, Carlos Alberto. Arbitragem e Processo, Comentário à Lei 9307/96, 3ª edição, São Paulo: Ed. Atlas, 2009, p. 314).

[57] A respeito da teoria contratualista, José Cretella Neto destaca que "A primeira vertente [contratualista] vislumbra no instituto natureza jurídica de obrigação criada por contrato, tendo por consequências todas as derivadas do pacto em geral. Fundamentam esse ponto de vista, em resumo, com os seguintes argumentos: a) inexistirá arbitragem sem convenção de arbitragem; b) a base da arbitragem é o consenso entre as partes, enquanto que a jurisdição

vontade das partes a submeter os seus interesses à decisão arbitral. A força obrigatória das decisões arbitrais consiste na obrigação anteriormente assumida pelas partes quando elegeram um árbitro para a solução do litígio, fundamentando-se tal premissa no princípio do *pacta sunt servanda*.

Defensor da teoria privatista, CARNELUTTI afirmava que, como os árbitros não possuíam poder coercitivo para impor algo às partes, a decisão por eles proferida formaria um contrato.

Para os adeptos da teoria publicista, por ser a arbitragem um método que integra a administração da justiça, e levando em conta que tal administração faz parte de um serviço público, estaria inserida neste serviço. Para reforçar tal ideia, mesmo que os árbitros sejam escolhidos por particulares, o seu poder de julgar decorre da lei. Dessa forma, a arbitragem seria uma verdadeira substituta da jurisdição, faltando-lhe, apenas, o poder coercitivo para fazer valer as suas decisões em caso de descumprimento.

Reforçando a majoritária corrente publicista da arbitragem, ensina Humberto Theodoro Júnior,[58] comparando a natureza da arbitragem com o regime anterior à Lei 9.307 de 1996:

> Se, no regime anterior à Lei n. 9.307, mostrava-se forte a corrente que defendia a natureza contratual ou privatista da arbitragem, agora não se pode mais duvidar que saiu vitoriosa, após o novo diploma legal, a corrente jurisdicional ou publicista.[59]

Essa conclusão decorre do fato de que, com o advento da Lei 9.307/96, a sentença arbitral passou a ser título executivo judicial, dispensando a prévia

---

estatal se insere no *ius imperium* estatal, imposto a todos; c) o árbitro não está vinculado ao Poder Judiciário; e d) o juízo arbitral não confere obrigatoriedade de cumprimento ao laudo arbitral, que deve ser voluntariamente obedecido pela parte vencida; em caso de recalcitrância, necessária se fará a intervenção do Poder Judiciário" (CRETELLA NETO, José. Curso de Arbitragem. Rio de Janeiro: Forense, 2004, p. 14).

[58] THEODORO JÚNIOR, Humberto. Curso de Direito Processual. 18 ed., Rio de Janeiro: Forense, 1996, v. 1, p. 41.

[59] No mesmo sentido, J. E. Carreira Alvim pontua: *"Sem dúvida, a arbitragem brasileira, por natureza e por definição, tem indiscutível caráter jurisdicional, não cabendo mais, depois da lei n. 9307/96, falar-se em contratualidade, **salvo no que concerne à sua origem, por resultar da vontade das partes**."* (ALVIM, J. E. Carreira. Direito Arbitral. 2 ed., Rio de Janeiro: Forense, 2004, p. 46)

homologação do Poder Judiciário, como antes se exigia. Além disso, os arts. 18 e 13, §6º, da Lei de Arbitragem atribuíram ao árbitro o *status* e atributos de um juiz. Com base nesses fatos, Francisco José Cahali destaca que os principais argumentos da teoria contratualista perderam espaço para os fundamentos da teoria jurisdicional da arbitragem.[60]

Diante desse antagonismo de teorias surgiu a denominada corrente **mista**, que sustenta que a arbitragem nasceria de um ato de vontade dos particulares (caráter privado), sendo concomitantemente regulada por matéria de direito processual (caráter público).

Para tal corrente, as teorias privatistas e publicistas seriam extremamente radicais, já que a arbitragem, inicialmente, teria a natureza contratual, pois foi firmada por ato de vontade dos próprios particulares e, posteriormente, adquiriria um caráter público, tendo em vista a força obrigatória da sentença arbitral, bem como a atividade jurisdicional dos árbitros.

Dessa forma, a corrente *intermediária ou mista*[61] agrega os fundamentos da corrente privatista e publicista, de modo que, "mesmo pautada no negócio jurídico realizada entre as partes, e sendo dele decorrente, não se pode desenvolver a arbitragem fora de um sistema jurídico, pois este método de solução submete-se à ordem legal existente, embora não controlada inteiramente por esse sistema".[62]

Em que pese os argumentos de ambas as correntes a respeito da natureza jurídica da arbitragem, tem prevalecido a corrente publicista – que reconhece o caráter jurisdicional da arbitragem. Os defensores dessa corrente se apegam ao fato de que a jurisdição deve ser encarada como o poder de solucionar conflitos independentemente da qualidade (pública ou privada) agente que irá exercer esta atribuição.[63] Nas palavras de José Francisco Cahali, "a jurisdição,

---

[60] CAHALI, Francisco José. *Curso de arbitragem*. 5. ed. rev. atual. e amp. São Paulo: Revista dos Tribunais, 2015, p. 125.

[61] Ao explicar o conceito da teoria mista, José Cretella Neto destaca que "A doutrina moderna vê na arbitragem instituto misto, *sui generis*, pois abriga aspectos *contratual* e também *jurisdicional*, que coexistem, posição defendida por Pierre Lalive e Philippe Fouchard" (CRETELLA NETO, José. Curso de Arbitragem. Rio de Janeiro: Forense, 2004, p. 14)

[62] CAHALI, Francisco José. *Curso de arbitragem*. 5. ed. rev. atual. e amp. São Paulo: Revista dos Tribunais, 2015, pp. 125-126.

[63] CAHALI, Francisco José. *Curso de arbitragem*. 5. ed. rev. atual. e amp. São Paulo: Revista dos Tribunais, 2015, pp. 127.

enquanto autoridade abstrata para dizer o direito (*jurisdictio, juris dicere*), é conferida ao Estado (a ser manifestada pelos magistrados) e também excepcionalmente aos particulares (pelo modelo arbitral na forma estabelecida em nosso sistema jurídico)".[64]

Dessa forma, tendo a Lei 9.307/96 outorgado aos árbitros poderes para solucionar determinados conflitos mediante sentença com eficácia e força de título judicial, conferindo-lhes, ainda, a qualidade de juiz de fato e de direito, vem-se defendendo amplamente o caráter jurisdicional da arbitragem.

3.1.2 Constitucionalidade da arbitragem

Muito já se discutiu a respeito da constitucionalidade do instituto arbitral. Tal discussão baseava-se, principalmente, na suposta ofensa ao livre acesso ao Poder Judiciário. Ou seja: usava-se como argumento o artigo 5º, inciso XXXV, da Constituição Federal – que garante a todos o acesso ao judiciário para apreciar qualquer lesão ou ameaça de direito.

A referida garantia representa uma decorrência do *princípio da inafastabilidade da jurisdição*, que se baseia na garantia de o cidadão "*invocar a atividade jurisdicional sempre que se tenha como lesado ou simplesmente um direito, individual ou não...*".[65]

Porém, esses questionamentos acabaram sendo adequadamente afastados pela jurisprudência e pela doutrina.

Inicialmente, vale destacar que a arbitragem (além de ter natureza *jurisdicional*) é uma forma de solucionar conflitos envolvendo questões que tratam de direitos patrimoniais disponíveis.

Ademais, o Poder Judiciário sempre estará à disposição para que os litigantes recorram a ele em caso de eventuais irregularidades constatadas no procedimento arbitral, caso seja necessário o uso da força para preservar alguma situação de urgência ou, até mesmo, para que as decisões arbitrais sejam executadas, caso não cumpridas espontaneamente.

---

[64] CAHALI, Francisco José. *Curso de arbitragem*. 5. ed. rev. atual. e amp. São Paulo: Revista dos Tribunais, 2015, pp. 128.
[65] AFONSO DA SILVA, José. Curso de Direito Constitucional Positivo, 31ª ed., São Paulo: Malheiros, 2008, p. 431.

Portanto, a escolha pela arbitragem não exclui o Poder Judiciário da análise de eventuais irregularidades que possam existir no procedimento arbitral, bem como de eventuais medidas urgentes e atos coercitivos que se fizerem necessários no decorrer da arbitragem.

Justamente por isso, o artigo 5º, inciso XXXV, da Constituição Federal, continua preservado – mesmo quando as partes, por livre e espontânea vontade, optam por afastar o Poder Judiciário para que as suas divergências sejam dirimidas pela arbitragem.

A própria Lei de Arbitragem (Lei 9.307/96) prevê as hipóteses em que as partes poderão se socorrer ao Poder Judiciário.[66-67]

Portanto, a opção pela arbitragem para dirimir conflitos que envolvam direitos patrimoniais disponíveis não significa o afastamento absoluto do Poder Judiciário. Este sempre poderá ser provocado para analisar a regularidade formal do procedimento arbitral, garantindo, assim, a preservação do devido processo legal.

Nesse sentido, a lição de Guido Soares:[68]

---

[66] Art. 25. Sobrevindo no curso da arbitragem controvérsia acerca de direitos indisponíveis e verificando-se que a sua existência, ou não, dependerá o julgamento, o árbitro ou o tribunal arbitral remeterá as partes à autoridade competente do Poder Judiciário, suspendendo o procedimento arbitral.
Parágrafo único. Resolvida a questão prejudicial e juntada aos autos a sentença ou acórdão transitados em julgado, terá normal seguimento a arbitragem.
[67] Art. 33. A parte interessada poderá pleitear ao órgão do Poder Judiciário competente a declaração de nulidade da sentença arbitral, nos casos previstos nesta Lei.
§ 1º A demanda para a declaração de nulidade da sentença arbitral, parcial ou final, seguirá as regras do procedimento comum, previstas na Lei no 5.869, de 11 de janeiro de 1973 (Código de Processo Civil), e deverá ser proposta no prazo de até 90 (noventa) dias após o recebimento da notificação da respectiva sentença, parcial ou final, ou da decisão do pedido de esclarecimentos.
§ 2º A sentença que julgar procedente o pedido declarará a nulidade da sentença arbitral, nos casos do art. 32, e determinará, se for o caso, que o árbitro ou o tribunal profira nova sentença arbitral.
§ 3º A declaração de nulidade da sentença arbitral também poderá ser arguida mediante impugnação, conforme o art. 475-L e seguintes da Lei no 5.869, de 11 de janeiro de 1973 (Código de Processo Civil), se houver execução judicial.
§ 4º A parte interessada poderá ingressar em juízo para requerer a prolação de sentença arbitral complementar, se o árbitro não decidir todos os pedidos submetidos à arbitragem.
[68] SOARES, Guido F.S. Arbitragens comerciais internacionais no Brasil; Vicissitudes. Revista dos Tribunais, São Paulo 641:29-57, p. 31.

A interpretação falaciosa de que a arbitragem reduziria a abrangência do Poder Judiciário, pelos efeitos de impedir o exame pelo juiz das demandas a ela submetida, levou, no Brasil, a sustentar-se a tese de que a arbitragem seria inconstitucional, por ferir a norma tradicional no Direito brasileiro de que "a lei não excluirá da apreciação do Poder Judiciário lesão ou ameaça de direito" (CF, art. 5, XXXV). Ora, a prevalecer tal entendimento, qualquer ato de resolução de controvérsia (uma renegociação, uma transação extrajudicial, uma confissão, uma cessão de direitos...) somente seria válido se validado pelo juiz! Na verdade a jurisprudência do STF admitiu, conforme examinado no presente trabalho, que a solução pela via arbitral de pendências de caráter patrimonial e transigíveis não representa qualquer violação da norma constitucional.

Diferente não é o entendimento de Sálvio de Figueiredo TEIXEIRA.[69] que argumenta de forma incisiva quanto à constitucionalidade da arbitragem.

Tenho não justificar-se, contudo, esse temor, mais que inquietação, na medida em que o modelo de arbitragem adotado pela Lei 9307/96 dele não excluiu o Judiciário.
A uma, porque a nova lei é explícita (art.33) em assegurar aos interessados o acesso ao Judiciário para a declaração da nulidade da sentença arbitral nos casos que elencam procedimento hábil, técnico e de maior alcance do que o criticado procedimento homologatório do sistema anterior. A duas, pela igual possibilidade de arguir-se nulidade em embargos em embargos à execução (art. 33, parágrafo 3º[70], c/c 741, CPC).[71] A três, porque a execução coativa da decisão arbitral somente

[69] TEIXEIRA, Sálvio de Figueiredo. Arbitragem no sistema jurídico brasileiro. Revista dos Tribunais, São Paulo, v. 735, pp. 46-47.
[70] "Art. 33. [...] parágrafo 3º A decretação da nulidade da sentença também poderá ser argüida mediante ação de embargos de devedor (art. 741 e seguintes do Código de Processo Civil), se houver execução judicial."
[71] "Art. 741. Na execução fundada em título judicial, os embargos só poderão versar sobre: I – falta ou nulidade de citação no processo de conhecimento, se a ação lhe ocorreu à revelia; II – inexigibilidade do título; III – ilegitimidade das partes; IV – cumulação indevida de execuções; V – excesso de execução, ou nulidade desta até a penhora; VI – qualquer causa

poderá ocorrer perante o Judiciário, constituindo a sentença arbitral título executivo judicial, assim declarado na nova redação dada (pelo art. 41) ao inciso III do art. 584 do CPC[72]. De igual forma, a efetivação de eventual medida cautelar deferida pelo árbitro reclamará a atuação do juiz togado, toda vez que se fizerem necessárias a *coertio* e a *executio*. A quatro, porque, para ser reconhecida ou executada no Brasil (art. 35), a sentença arbitral estrangeira se sujeitará à homologação do Supremo Tribunal Federal (ou de outro órgão jurisdicional estatal – v.g., o Superior Tribunal de Justiça -, se a Constituição reformada, assim vier a determinar). A cinco, porque do Judiciário é o controle sobrevindo no curso da arbitragem controvérsia acerca de direitos indisponíveis e verificando-se que de sua existência, ou não, dependerá o julgamento. A seis, porque também caberá ao judiciário decidir por sentença acerca da instituição da arbitragem na hipótese de resistência de uma das partes signatárias da cláusula compromissória (art.7º).

Nesse ponto, cabe salientar que o reconhecimento da constitucionalidade da arbitragem sempre prevaleceu no Supremo Tribunal Federal. Ou seja: nos casos em que ambas as partes, por livre e espontânea vontade, submeteram-se à arbitragem, o Supremo Tribunal Federal sempre se manifestou pela sua constitucionalidade.

Tal dúvida surgiu no Plenário do Supremo nos casos de execução específica da cláusula compromissória. Questionou-se se seria possível uma parte obrigar a outra a se submeter ao litígio arbitral (mediante execução específica) quando houvesse previsão contratual de que o litígio seria resolvido pela arbitragem.

Também nesse ponto, o Supremo Tribunal Federal, ao julgar o Agravo Regimental na sentença estrangeira n. 5.206, entendeu ser constitucional a execução específica da cláusula arbitral, conforme ementa abaixo.

---

impeditiva, modificativa ou extintiva da obrigação, como pagamento, novação, compensação com execução aparelhada, transação ou prescrição, desde que superveniente à sentença; VII – incompetência do juízo da execução, bem como suspeição ou impedimento."

[72] Art. 584. [...] III – a sentença arbitral e a sentença homologatória de transação ou de conciliação."

1. Sentença estrangeira: laudo arbitral que dirimiu conflito entre duas sociedades comerciais sobre direitos inquestionavelmente disponíveis – a existência e o montante de créditos a título de comissão por representação comercial de empresa brasileira no exterior: compromisso firmado pela requerida que, neste processo, presta anuência ao pedido de homologação: ausência de chancela, na origem, de autoridade judiciária ou órgão público equivalente: homologação negada pelo Presidente do STF, nos termos da jurisprudência da Corte, então dominante: agravo regimental a que se dá provimento, por unanimidade, tendo em vista a edição posterior da L. 9.307, de 23.9.96, que dispõe sobre a arbitragem, para que, homologado o laudo, valha no Brasil como título executivo judicial.

2. Laudo arbitral: homologação: Lei da Arbitragem: controle incidental de constitucionalidade e o papel do STF. A constitucionalidade da primeira das inovações da Lei da Arbitragem – a possibilidade de execução específica de compromisso arbitral – não constitui, na espécie, questão prejudicial da homologação do laudo estrangeiro; a essa interessa apenas, como premissa, a extinção, no direito interno, da homologação judicial do laudo (arts. 18 e 31), e sua consequente dispensa, na origem, como requisito de reconhecimento, no Brasil, de sentença arbitral estrangeira (art. 35). A completa assimilação, no direito interno, da decisão arbitral à decisão judicial, pela nova Lei de Arbitragem, já bastaria, a rigor, para autorizar a homologação, no Brasil, do laudo arbitral estrangeiro, independentemente de sua prévia homologação pela Justiça do país de origem. Ainda que não seja essencial à solução do caso concreto, não pode o Tribunal – dado o seu papel de "guarda da Constituição" – se furtar a enfrentar o problema de constitucionalidade suscitado incidentemente (v.g. MS 20.505, Néri).

3. Lei de Arbitragem (L. 9.307/96): constitucionalidade, em tese, do juízo arbitral; discussão incidental da constitucionalidade de vários dos tópicos da nova lei, especialmente acerca da compatibilidade, ou não, entre a execução judicial específica para a solução de futuros conflitos da cláusula compromissória e a garantia constitucional da universalidade da jurisdição do Poder Judiciário (CF, art. 5º, XXXV). Constitucionalidade declarada pelo plenário, considerando o Tribunal,

por maioria de votos, que a manifestação de vontade da parte na cláusula compromissória, quando da celebração do contrato, e a permissão legal dada ao juiz para que substitua a vontade da parte recalcitrante em firmar o compromisso não ofendem o artigo 5º, XXXV, da CF. Votos vencidos, em parte – incluído o do relator – que entendiam inconstitucionais a cláusula compromissória – dada a indeterminação de seu objeto – e a possibilidade de a outra parte, havendo resistência quanto à instituição da arbitragem, recorrer ao Poder Judiciário para compelir a parte recalcitrante a firmar o compromisso, e, consequentemente, declaravam a inconstitucionalidade de dispositivos da Lei 9.307/96 (art. 6º, parág. único; 7º e seus parágrafos e, no art. 41, das novas redações atribuídas ao art. 267, VII e art. 301, inciso IX do C. Pr. Civil; e art. 42), por violação da garantia da universalidade da jurisdição do Poder Judiciário. Constitucionalidade – aí por decisão unânime, dos dispositivos da Lei de Arbitragem que prescrevem a irrecorribilidade (art. 18) e os efeitos de decisão judiciária da sentença arbitral (art. 31).[73]

Ao reconhecer a constitucionalidade da execução específica da cláusula compromissória, o Supremo Tribunal Federal preservou a manifestação de vontade das partes no ato da celebração do contrato.

3.2 Arbitragem e poder público

Por expressa determinação constitucional, os serviços e instalações de energia elétrica e o aproveitamento energético dos cursos de água, em circulação com os Estados onde se situam os potenciais hidroelétricos, representam atividades exclusivas da União, que pode explorá-las diretamente ou mediante os institutos da autorização, concessão ou permissão (CF, art. 21, inc. XI, 'b').

Justamente por isso, analisar a arbitragem no setor de energia elétrica nos obriga, invariavelmente, a fazer uma análise da possibilidade de sua utilização pela Administração Pública. Afinal de contas (com exceção do setor de comercialização de energia elétrico, conforme veremos adiante), nessas relações

---

[73] SE 5.206 [Ag. Rg], Min. Rel. Sepúlvera Pertence, j. 12.12.2001, V.M, DJU 30.04.2004.

contratuais a União Federal (ou a ANEEL, por delegação daquela) será parte e, por essa razão, passará a adquirir direitos e obrigações, de modo que os futuros e eventuais litígios terão impacto na sua esfera jurídica.

No que tange à utilização da arbitragem para dirimir litígios envolvendo contratos firmados pela Administração Pública, muitos já foram os debates travados a respeito da sua possibilidade. Os principais argumentos contrários à utilização da arbitragem pela Administração Pública sempre giraram em torno da indisponibilidade do interesse público e da inafastabilidade do Poder Judiciário.

Contudo, defender a impossibilidade de o Estado se submeter à arbitragem seria, invariavelmente, defender a impossibilidade de o Estado participar de relações contratuais.

Como ressalta Marçal Justen Filho, *"trata-se de uma questão indissociável, já que existe um único e mesmo tema jurídico. A disponibilidade para impor a arbitragem é a mesma para criar direitos e obrigações na via consensual".*[74]

Na medida em que a arbitragem nada mais é do que uma simples manifestação de cunho contratual, negar a possibilidade de o Estado firmar compromisso arbitral seria negar a existência de contratos administrativos e, consequentemente, a existência de aspectos negociais na Administração Pública.[75]

3.2.1 Apanhado histórico da arbitragem nos contratos firmados pela Administração Pública direta e indireta

A utilização da arbitragem nos contratos administrativos não é nenhuma novidade no direito brasileiro. A previsão da arbitragem acompanha as concessões

---

[74] JUSTEN FILHO, Marçal. *Curso de direito administrativo*. 11. ed. São Paulo: Revista dos Tribunais, 2015, p. 824.

[75] Neste ponto, interessante a observação de Paulo Osternack Amaral: *"Para que desempenhe suas funções e realize o interesse público, o Estado pode praticar atos de disposição patrimonial, tal como ocorre nas compras, alienações de bens e nas contratações. Em todos esses casos, o Estado exercerá a sua capacidade contratual e disporá de alguma espécie de patrimônio (economicamente aferível) para realizar o interesse fundamental envolvido no caso concreto"*. E conclui: *"Esse raciocínio aplica-se à arbitragem. Se o direito é disponível e patrimonialmente aferível, ele estará contido na esfera contratual do Estado"* (Arbitragem e Administração Pública, Aspectos Processuais, Medidas de Urgência e Instrumentos de Controle, Belo Horizonte: Ed. Fórum, 2012, p. 57).

de obras e serviços públicos desde 1850 (ano em que o Código Comercial entrou em vigor).

Na época do Império, por determinação imposta no Código Comercial de 1850, a arbitragem era obrigatória para assuntos comerciais. Contudo, a Lei nº 1.350 de 1866 (regulamentada pelo Decreto nº 3.900 de 1867) aboliu o processo arbitral obrigatório para tais assuntos, mas manteve a possibilidade de utilização da arbitragem.

A arbitragem, portanto, vem sendo utilizada para dirimir as controvérsias decorrentes dos contratos de concessões desde meados do século XIX. A propósito, observa Selma LEMES:

> pelo Decreto n. 7.959, de 29.12.1880, foram uniformizados os termos das concessões de estradas de ferro gerais do Império e a cláusula XXXV estipulava: 'no caso de desacordo entre o Governo e a companhia, sobre a inteligência das presentes cláusulas, esta será decidida por árbitros nomeados...... Servirá de desempatador a Seção do Império do Conselho de Estado'.[76] (grifado).

Também no contrato de concessão firmado em 1869 pela então Província de São Paulo com a Companhia Paulista de Estrada de Ferro havia previsão de arbitragem como meio de solucionar os conflitos advindos do referido contrato.[77]

Há registros de que no contrato de fornecimento de energia elétrica firmado em 1921, pela Câmara Municipal de Sete Lagoas, havia previsão de que, finda a concessão, os preços que seriam pagos pelos bens (em razão da encampação) seriam solucionados por arbitragem.[78]

---

[76] LEMES, Selma. Arbitragem na Administração Pública. São Paulo: Quartier Latin, 2007, p. 63.
[77] LEMES, Selma. Arbitragem na Administração Pública. São Paulo: Quartier Latin, 2007, p. 64.
[78] OLIVEIRA, A. Gonçalves de. Contratos de fornecimento de energia elétrica celebrado com Municípios, RDM, 13:495, jul./set., 1948.

Em 1927 há registros de nova arbitragem envolvendo a Administração Pública. Trata-se de uma arbitragem instaurada para dirimir conflitos entre a Repartição Geral dos Telégrafos e *"The Western Telegraph Co"*.[79]

Posteriormente, o Supremo Tribunal Federal, em julgamento datado de 1973, reconheceu a possibilidade da utilização da arbitragem até mesmo em causas contra a Fazenda. Trata-se do famoso caso *"Lage"*.

A esse respeito, destaca Dinorá Grotti:

> Anteriormente, no caso da organização Lage, o Supremo Tribunal Federal, ao apreciar decisão do juízo arbitral instituído para dirimir litígio entre a União e herdeiros de Henrique Lage, já havia reconhecido especificamente a legalidade do Juízo Arbitral, que o nosso Direito sempre admitiu e consagrou, até mesmo nas causas contra a Fazenda (STF – AI 52.181-GB, Tribunal Pleno, rel. Min. Bilac Pinto, v.u., j. 14-11-73, DJ 15-02-74).[80]

Esses são apenas alguns exemplos que demonstram que a história dos litígios envolvendo a Administração Pública no Brasil também é marcada pela utilização da arbitragem.

Portanto, a arbitragem sempre fez parte da cultura jurídica brasileira e, a nosso ver, merece ser mais desenvolvida e estudada, principalmente em questões envolvendo contratos em infraestrutura firmados pela Administração Pública.

Isso porque, a arbitragem (levando em conta a sua celeridade e a especialidade dos julgadores) pode, em muitas situações, representar o meio mais adequado de solucionar determinado conflito. Com isso, o Estado obterá uma maior eficiência e, consequentemente, atingirá, de forma mais adequada, o *interesse público* almejado (consistente na adequada prestação jurisdicional).

---

[79] LEMES, Selma. Arbitragem na Administração Pública. São Paulo: Quartier Latin, 2007, p. 66.
[80] GROTTI, Dinorá Adelaide Musetti. A Arbitragem e a Administração Pública. In: GUILHERME, Luiz Fernando do Vale de Almeida (coord.). Novos rumos da arbitragem no Brasil. São Paulo: Fiuza, 2004, p. 149.

3.2.2 A arbitrabilidade do Estado

A demonstração do cabimento da arbitragem, tanto nos litígios envolvendo a Administração Pública, como nos que envolvam apenas particulares, passa pela análise e identificação da chamada "arbitrabilidade", que se subdivide em um aspecto subjetivo (relacionado com a capacidade da pessoa para se submeter ao juízo arbitral) e outro objetivo (referente à matéria capaz de ser submetida à arbitragem – *direitos patrimoniais disponíveis*).

3.2.2.1 A arbitrabilidade subjetiva do Estado

Para que uma pessoa física ou jurídica possa participar de uma relação arbitral, a Lei de Arbitragem (nº 9.307/96) exige que ela seja plenamente capaz de firmar direitos e obrigações (*Art. 1º As pessoas capazes de contratar poderão valer-se da arbitragem para dirimir litígios relativos a direitos patrimoniais disponíveis*).

O aspecto subjetivo da arbitrabilidade também está delineado no art. 851 do Código Civil, o qual dispõe que somente as pessoas capazes de contratar poderão se valer da arbitragem.

O direito confere personalidade às pessoas naturais (ou pessoas físicas) e, por ficção, às *pessoas jurídicas*, ou pessoas "coletivas" (artigos 40 a 69 do Código Civil).[81]

Pontifica Celso Antônio BANDEIRA DE MELLO que "*o Estado, tal como os demais particulares, é, também ele, uma pessoa jurídica, que, pois, existe e convive no universo jurídico em concorrência com todos os demais sujeitos de direitos*".[82] (grifado)

Sendo pessoa jurídica, o Estado possui também capacidade de firmar direitos e obrigações e, consequentemente, de se submeter ao juízo arbitral.

Com base nessa premissa, comungamos do entendimento de Selma Lemes para quem não haveria a necessidade de norma específica para autorizar a utilização da arbitragem pela Administração Pública.[83]

---

[81] NERY JR, Nelson e NERY, Rosa Maria de Andrade. Código Civil Comentado, 10ª edição, São Paulo: Revista dos Tribunais, 2007, p. 183.
[82] BANDEIRA DE MELLO, Celso Antônio. *Curso de direito administrativo*. 32. ed. São Paulo: Malheiros, 2015, p. 66.
[83] "Conclui-se, portanto, que, consoante a lição de hermenêutica acima reproduzida, é de todo evidente que a Lei 9.307/96 é a lei de regência e contempla a Administração Pública

Há, contudo, quem defenda que a configuração da arbitrabilidade subjetiva do Estado dependeria de autorização legislativa específica.

Esse, por exemplo, é o posicionamento de Luís Roberto Barroso, para quem a arbitragem, por excepcionar regras gerais da jurisdição estatal e da inafastabilidade do controle jurisdicional, exigiria uma forma estrita (ou uma lei específica).[84]

Essa discussão, contudo, deixou de existir com a entrada em vigor da Lei nº 13.129, de 26 de maio de 2015 (que promoveu significativas alterações na Lei 9.307/96).

Nos termos da Lei nº 13.129/2015, o art. 1º da Lei nº 9.307, de 23 de setembro de 1996, passa a vigorar com a seguinte redação:

> Art. 1º As pessoas capazes de contratar poderão valer-se da arbitragem para dirimir litígios relativos a direitos patrimoniais disponíveis.
>
> *§ 1º A Administração Pública direta e indireta poderá utilizar-se da arbitragem para dirimir conflitos relativos a direitos patrimoniais disponíveis.*
>
> § 2º A autoridade ou o órgão competente da Administração Pública direta para a celebração de convenção de arbitragem é a mesma para a realização de acordos ou transações." (NR) "Art. 2º
>
> § 3º As arbitragens que envolvam a Administração Pública serão sempre de direito e respeitarão o princípio da publicidade.

---

direta e indireta ao dispor que 'as pessoas capazes de contratar poderão valer-se da arbitragem para dirimir litígios relativos a direitos patrimoniais disponíveis'. Esta lei que concede plena possibilidade à Administração firmar cláusula compromissória nos contratos administrativos. É a Lei de Arbitragem, que à luz dos princípios constitucionais e demais princípios positivados ou implícitos, representa valores subjacentes que o Estado Democrático de Direito protege." (LEMES, Selma Maria Ferreira. Arbitragem na Administração Pública – fundamentos jurídicos e eficiência econômica. São Paulo: Quartier Latin, 2007, p. 115.

[84] BARROSO, Luís Roberto. Sociedade de economia mista prestado de serviço público. Cláusula arbitral inserida em contrato administrativo sem prévia autorização legal. Invalidade. In: DI PIETRO, Maria Sylvia Zanella; SUNDFELD, Carlos Ari (orgs). Licitações e contratos administrativos. São Paulo: Revista dos Tribunais, 2012, pp. 1257-1293.

O novo texto da Lei de Arbitragem (introduzido pela Lei nº 13.129/2015) passa, pois, a admitir que Administração Pública direta e indireta utilize a arbitragem para dirimir quaisquer conflitos relativos a direitos patrimoniais disponíveis.

Assim, muitas das discussões travadas pela doutrina para tentar demonstrar a arbitrabilidade subjetiva das pessoas jurídicas de direito público e das empresas estatais parece-nos ter deixado de existir.

3.2.2.2 A arbitrabilidade objetiva do Estado. Direitos Patrimoniais Disponíveis

A arbitrabilidade objetiva relaciona-se com as matérias que podem ser submetidas à arbitragem, quais sejam: as que envolvam direitos patrimoniais disponíveis.[85]

Partindo-se da premissa de que o *interesse público* seria sempre indisponível,[86] já se afirmou que os conflitos surgidos das relações firmadas pelo Estado teriam de ser necessariamente submetidos à via judicial – afastando, assim, a possibilidade de utilização do instituto arbitral.

Contudo, amparando-nos no posicionamento dos Tribunais Superiores, da doutrina especializada e na própria legislação em vigor (inclusive do setor de energia elétrica), esse argumento não se sustenta – ainda mais no atual estágio do Direito Administrativo em que *consenso-negociação* entre Poder Público e particulares vem ganhando cada vez mais destaque.

Atualmente, vem se tornado cada vez mais importante o que se denomina direito administrativo participativo, que nada mais é do que a busca por um maior diálogo entre o Estado e os particulares.

Segundo Eduardo GARCÍA DE ENTERRÍA e Tomás-Ramón FERNÁNDEZ, não se pode deixar de lado a realidade de que hoje a "*Administração*

---

[85] Art. 1º da Lei 9.307/1996: "*As pessoas capazes de contratar poderão valer-se da arbitragem para dirimir litígios relativos a* **direitos patrimoniais disponíveis**".
[86] Nesse sentido: Celso Antônio Bandeira de Mello (*Curso de direito administrativo.* 31 ed. São Paulo: Malheiros, 2014. p. 734), Lúcia Valle Figueiredo (*Curso de direito administrativo.* 9. ed. São Paulo: Malheiros, 2008. p.115-116) e Ricardo Marcondes Martins (Arbitragem e Administração Pública: contribuição para o sepultamento do tema. Revista Interesse Público – IP, Belo Horizonte: Fórum, ano 12, n. 63, nov./dez. 2010. – Disponível em: <http://www.bidforum.com.br/bid/PDI0006.aspx?pdiCntd=70916>. Acesso em: 13 out. 2014).

negocia e que a negociação converteu-se em um instrumento imprescindível para a tarefa de administrar".[87]

Nesta mesma linha também se posiciona Dinorá Adelaide Musetti GROTTI:

> Com a globalização e a redefinição do papel do Estado, baseado no princípio da subsidiariedade, o momento consenso-negociação entre poder público e particulares, mesmo informal, ganha relevo no processo de identificação e definição de interesses públicos e privados, tutelados pela Administração.[88-89]

Exemplos dessa negociação entre a Administração Pública e particulares são comumente mencionados nos principais jornais de grande circulação, principalmente quando tratam de grandes obras em infraestrutura.

No ano de 2001, por exemplo, em razão da crise de energia provocada pela falta de geração de energia, o Governo Federal decretou um Programa Emergencial de Redução do Consumo de Energia Elétrica no período de junho de 2001 a fevereiro de 2002, impondo aos usuários uma relevante redução no seu consumo de energia. Essa redução do consumo ocasionou, consequentemente, uma considerável perda de receita das Distribuidoras de energia elétrica.

Diante desse fato extraordinário, os agentes do setor elétrico, em conjunto com a Câmara de Gestão da Crise de Energia Elétrica, fizeram um Acordo Geral do Setor Elétrico para tentar minimizar os impactos ocasionados por essa perda de receita. Foi, então, por meio da Medida Provisória n.º 14, de 21 de dezembro de 2001 (convertida na Lei nº 10.438, de 2002) que se permitiu que as distribuidoras compensassem, em parte, as suas perdas resultantes do racionamento.

---

[87] Eduardo GARCÍA DE ENTERRÍA e Tomás-Ramón FERNÁNDEZ. Curso de derecho administrativo. 9ª ed. Madrid: Civitas, 1999, v. 1, p. 663.

[88] GROTTI, Dinorá Adelaide Musetti. A arbitragem e a administração pública. In: GUILHERME, Luiz Fernando do Vale de Almeida (coord.). Novos rumos da arbitragem no Brasil. São Paulo: Fiuza, 2004, p. 145.

[89] No mesmo sentido: OLIVEIRA, Gustavo Henrique Justino de. A arbitragem e as parcerias público-privadas. Revista de Direito Administrativo. Rio de Janeiro, n. 241, páginas 241-272, jul./Set. 2005, p. 243, p. 243 e FERREIRA NETTO, Cássio Telles. Contratos Administrativos e Arbitragem. Rio de Janeiro: Campus Jurídico, 2008, p. 36.

Por meio da referida MP, foi concedido, a partir de janeiro de 2002, o reajuste tarifário extraordinário de 2,9% aplicável aos consumidores residenciais e rurais (exceto os de baixa renda) e de 7,9% para os demais consumidores. Esse *Acordo Geral do Setor Elétrico* é apenas um exemplo de que a Administração Pública vem, cada vez mais, dialogando com o setor privado na tentativa de garantir a preservação do chamado *interesse público* (aqui compreendido nos direitos individuais dos usuários do serviço, bem como na preservação das garantias contratuais referentes à intangibilidade da equação econômico-financeira conferida aos particulares que contratam com o Estado).

Por essa razão, vem-se reconhecendo o surgimento de um direito administrativo mais participativo, fruto da gradual compatibilização da lógica da imposição e da unilateralidade com a lógica da negociação e da multilateralidade[90].

A existência de negociação entre Administração Pública e particulares é uma realidade, portanto, e pode ser constatada principalmente em grandes empreendimentos em infraestrutura, em que a Administração costumeiramente negocia, por exemplo, pedidos de aditivos contratuais.

Não se nega a existência de certos interesses indisponíveis numa relação envolvendo o Estado, mas *"daí não segue que todo e qualquer interesse titularizado pela Administração Pública em face de um particular seja necessariamente indisponível"*.[91]

Há diversas teorias para demonstrar esse fato.

Diogo de Figueiredo MOREIRA NETO, por exemplo, seguindo as lições de Renato ALESSI, divide o *interesse público* em interesse primário e secundário. Para MOREIRA NETO, o interesse público primário se relaciona ao bem-estar da sociedade e, em razão disso, estaria obrigatoriamente submetido ao princípio da indisponibilidade; já o interesse secundário estaria relacionado aos direitos patrimoniais e, por isso, tornar-se-iam disponíveis. E salienta:

> ...são disponíveis, nesta linha, todos os interesses e os direitos deles derivados que tenham expressão patrimonial, ou seja, que possam ser

---

[90] OLIVEIRA, Gustavo Henrique Justino de. A arbitragem e as parcerias público-privadas. Revista de Direito Administrativo. Rio de Janeiro, n. 241, páginas 241-272, jul./Set. 2005, p. 243.
[91] JUSTEN FILHO, Marçal. *Curso de direito administrativo*. 11. ed. São Paulo: Revista dos Tribunais, 2015, p. 825.

quantificados monetariamente, e estejam no comércio, e que são, por esse motivo e normalmente, objeto de contratação que vise a dotar a Administração ou os seus delegados, dos meios instrumentais de modo a que estejam em condições de satisfazer os interesses finalísticos que justificam o próprio Estado.[92]

São justamente os chamados *interesses públicos secundários* (ou seja, os que podem ser quantificados monetariamente) que, segundo o referido autor, podem ser considerados arbitráveis.

Também Caio TÁCITO[93] ressalta que nos contratos administrativos, quando se trata tão somente de cláusulas pelas quais a Administração está submetida a uma contraprestação financeira, não faz sentido ampliar o conceito de indisponibilidade à obrigação de pagar vinculada à obra ou serviço executado ou ao benefício auferido pela administração em virtude de prestação regular do outro contratante.

Justamente por isso, Caio TÁCITO afirma que em tais casos a convenção da arbitragem terá caminho aberto.

Portanto, ainda que se trate de contratos administrativos, em sentido estrito, que disponha sobre interesses públicos indisponíveis, poderá haver questões (de ordem econômica) perfeitamente arbitráveis.

Para Eros Roberto GRAU, a possibilidade de o Estado se submeter à arbitragem deve ser analisada pelo exame de três pontos: (i) jurisdição e arbitragem; (ii) noção de contrato administrativo; e (iii) a indisponibilidade do interesse público e a disponibilidade de direitos patrimoniais.

No que tange ao primeiro aspecto, Eros GRAU salienta que a arbitragem não encerra a jurisdição, mas, ao contrário, previne-a. Quanto aos contratos administrativos, afirma que:

> na relação contratual administrativa o Estado-aparato (a Administração) atua vinculado pelas mesmas estipulações que vinculam o particular; ambos se submetem à lei (Estado-ordenamento); ou seja,

---

[92] MOREIRA NETO, Diogo de Figueiredo. Arbitragem nos Contratos Administrativos, Revista de direito Administrativo, p. 218/84, jul./set.1997.

[93] TÁCITO, Caio. Arbitragem nos Litígios Administrativos, Revista de Direito Administrativo, Rio de janeiro, n. 210, p. 210/114, out./dez. 1997.

a Administração não exerce atos de autoridade no bojo da relação contratual.[94]

No que tange à indisponibilidade do interesse público e à disponibilidade de direitos patrimoniais, Eros GRAU afirma que indisponível é o interesse público primário, não o interesse da Administração [interesse público secundário]. E conclui: *"sempre que puder contratar, o que importa disponibilidade de direitos patrimoniais, poderá a Administração, sem que isso importe disposição do interesse público, convencionar cláusula de arbitragem"*.[95]

O próprio Superior Tribunal de Justiça,[96] ao reconhecer a possibilidade de sociedade de economia mista celebrar cláusula compromissória em juízo arbitral, afirma que *é assente na doutrina e na jurisprudência que indisponível é o interesse público*, **e não o interesse da administração**.

Os ensinamentos acima apontados contribuem com a tese de que a arbitragem nada mais é do que uma simples manifestação de cunho contratual. Daí segue que, em regra, todas as questões que comportam disciplina pela via contratual podem ser submetidas à arbitragem. Isso porque a *"disponibilidade para impor a arbitragem é a mesma para criar direitos e obrigações por via consensual"*.[97]

Ainda no que tange à arbitrabilidade objetiva do Estado, há outro argumento que merece destaque. O Estado poderá se submeter à arbitragem sempre que o conflito (de natureza eminentemente patrimonial) puder ser resolvido pelas próprias partes, independentemente do ingresso em juízo. *In verbis*:

> cabe a arbitragem sempre que a matéria envolvida possa ser resolvida pelas próprias partes, independentemente do ingresso em juízo. Se o conflito entre o particular e a Administração Pública é eminentemente patrimonial e se ele versa sobre matéria que poderia ser solucionada diretamente entre as partes, sem que se fizesse necessária a

---

[94] GRAU, Eros Roberto. Arbitragem e contrato administrativo. *Revista Trimestral de Direito Público*. São Paulo, n. 32, páginas 14-20, 2000, p. 17.

[95] GRAU, Eros Roberto. Arbitragem e contrato administrativo. *Revista Trimestral de Direito Público*. São Paulo, n. 32, páginas 14-20, 2000, p. 20.

[96] STJ – AgRg no MS 11308/DF, Min. LUIZ FUX, 1ª SEÇÃO, j. 28/06/2006, DJ 14.08.2006 p. 251.

[97] JUSTEN FILHO, Marçal. *Curso de direito administrativo*. 11. ed. São Paulo: Revista dos Tribunais, 2015, p. 824.

intervenção jurisdicional, então a arbitragem é cabível. **Se o conflito pode ser dirimido pelas próprias partes, não faria sentido que não pudesse também ser composto mediante juízo arbitral sob o pálio das garantias do devido processo.**[98]-[99] (grifado)

Na mesma linha, Cesar Augusto Guimarães Pereira[100] destaca a necessidade de estarem presentes 2 (dois) aspectos para verificar se a questão discutida é passível de ser submetida à arbitragem ou não.

O primeiro deles é verificar se o interesse da Administração é disponível, ou seja, *se seria possível ao ente estatal reconhecer a procedência da pretensão do particular*. O segundo aspecto é verificar se o referido interesse tem *conteúdo econômico*, ou seja, se se encontra presente o requisito da patrimonialidade. Da mesma forma, caso estejam presentes esses dois aspectos a arbitragem será cabível.

Há, inclusive, previsão legal expressa reconhecendo a disponibilidade de alguns direitos.

No setor de energia elétrica, a Lei 10.438/2002, ao estabelecer os mecanismos para a recomposição tarifária extraordinária (ocasionada em razão do Programa Emergencial de Redução do Consumo de Energia Elétrica – Percee), admitiu expressamente a possibilidade de as empresas públicas e as sociedades de economia mista federais celebrarem transações no que tange à referida recomposição tarifária. Além disso, considerou tais direitos (consistentes na manutenção da equação econômico-financeira) como sendo disponíveis, ou transigíveis (art. 4º, §6º, da Lei 10.438/2002).

---

[98] TALAMINI, Eduardo. Arbitragem e parceria público-privada. In: TALAMINI, Eduardo; JUSTEN, Monica Spezia (coords.). *Parcerias Público-Privadas*: um enfoque multidisciplinar. São Paulo: Revista dos Tribunais, 2005, p. 334.

[99] Registre-se que Eduardo Talamini, em trabalho mais recente, tornou o seu entendimento um pouco mais sofisticado, passando a reconhecer que a parte poderá submeter à arbitragem determinada matéria quando for livre para dispor acerca dos meios de solução dos litígios relativos a tal matéria. Em outras palavras, a arbitragem poderá ser utilizada sempre que a parte não for obrigada pelo ordenamento jurídico a submeter esses litígios ao Poder Judiciário (TALAMINI, Eduardo. Administração Pública, medidas antiarbitrais e o princípio da competência-competência, *Revista de Direito Administrativo Contemporâneo – ReDac*, Belo Horizonte, nº 13, p. 118-119, out. 2014.

[100] PEREIRA, Cesar A. Guimarães. Arbitragem e a administração pública na jurisprudência do TCU e do STJ. In: TALAMINI, Eduardo; PEREIRA, Cesar A. Guimarães (coords.). *Arbitragem e poder público*. São Paulo: Saraiva, 2010, p. 141.

Quanto ao aspecto da patrimonialidade, este se mostra em termos bastante amplos. Isso porque o interesse terá cunho patrimonial não apenas quando o objeto se reveste de valor econômico, mas também quando o eventual inadimplemento de determinada obrigação puder ser reparado ou compensado por medidas de conteúdo econômico.[101]

Essas orientações apenas confirmam o entendimento de que a Administração Pública poderá participar de litígios arbitrais sempre que o conflito tiver natureza eminentemente patrimonial e puder ser resolvido pelas próprias partes, independentemente do ingresso em juízo.

3.2.2.3 A opção pela arbitragem e a preservação dos direitos legalmente conferidos à Administração Pública

Por outro lado, mostra-se um erro afirmar que a opção pela arbitragem ocasionaria a disponibilidade de direitos por parte do Estado. Quem opta pela arbitragem não está abrindo mão de direitos, mas apenas escolhendo um meio mais especializado para a defesa dos seus interesses.

Nesse ponto, a doutrina reconhece que:

> Ao optar pela arbitragem o contratante público não está transigindo com o interesse público, nem abrindo mão de instrumentos de defesa de interesses públicos. Está, sim, escolhendo uma forma mais expedita, ou um meio mais hábil, para a defesa do interesse público. Assim como o juiz, no procedimento judicial deve ser imparcial, também o árbitro deve decidir com imparcialidade. **O interesse público não se confunde com o mero interesse da Administração ou da Fazenda Pública; o interesse público está na correta aplicação da lei e se confunde com a realização correta da Justiça.**[102] (grifado)

---

[101] TALAMINI, Eduardo. Arbitragem e parceria público-privada. In: TALAMINI, Eduardo; JUSTEN, Monica Spezia (coords.). *Parcerias Público-Privadas*: um enfoque multidisciplinar. São Paulo: Revista dos Tribunais, 2005, p. 345.
[102] WALD, Arnold, CARNEIRO, Atlhos Gusmão, ALENCAR, Miguel Tostes de e DOUTRADO, Ruy Janoni, Da Validade de Convenção de Arbitragem Pactuada por Sociedade de Economia Mista, Revista de Direito Bancário do Mercado de Capitais e da Arbitragem, nº 18, ano 5, out.-dez, 2002, p. 418.

Como apontado em um dos principais acórdãos do Superior Tribunal de Justiça que trata da matéria, *"Em verdade, não há que se negar a aplicabilidade do juízo arbitral em litígios administrativos, em que presentes direitos patrimoniais do Estado, mas ao contrário, até mesmo incentivá-la, porquanto mais célere"*.[103] Isso porque, o fato de a Administração Pública eventualmente ser derrotada em um litígio arbitral não significa que ela tenha aberto mão de um direito – significa apenas que ela não tinha razão quanto ao que pretendia.

É justamente esse o posicionamento de Adilson Abreu Dallari.[104] Ao afastar os óbices normalmente invocados para a adoção da arbitragem entre as relações contratuais de direito público, DALLARI afirma que o Estado, ao optar pela arbitragem, não está transigindo com o interesse público. Ao optar pela arbitragem, o Estado está escolhendo uma forma mais expedita ou um meio mais hábil para a tutela do interesse público.

Isso porque, reitere-se, *o interesse público não se confunde com o interesse da Administração ou da Fazenda Pública, mas sim com a correta aplicação da lei e com a concreta realização da Justiça.*

Trata-se de argumento acertado e que demonstra que a arbitragem (muito embora deva envolver direitos patrimoniais disponíveis, ou seja, aqueles que podem ser reconhecidos pelas próprias partes – sem a necessidade de se socorrerem ao poder judiciário) não implica em abrir mão de direitos.

Pelas razões acima mencionadas, a arbitragem é um meio totalmente idôneo para suportar desavenças envolvendo contratos firmados pela Administração Pública – principalmente no âmbito do setor de energia elétrica.

3.2.3 Arbitragem e a União Federal – interpretação do art. 109, inc. I, da CF/88

Outra questão relevante, principalmente no âmbito do setor de energia elétrica,[105] e que pode trazer dúvidas quanto à utilização da arbitragem na seara do

---

[103] STJ – AgRg no MS 11308/DF, Min. LUIZ FUX, 1ª SEÇÃO, j. 28/06/2006, DJ 14.08.2006 p. 251.

[104] DALLARI, Adilson de Abreu. Arbitragem na concessão de serviço público. Revista Trimestral de Direito Público. São Paulo, nº 13, p. 5-10, 1996.

[105] Isso porque, por expressa determinação constitucional, os serviços e instalações de energia elétrica e o aproveitamento energético dos cursos de água, em circulação com os Estados onde se situam os potenciais hidroelétricos, representam atividades exclusivas da

Direito Público é quanto às causas em que envolvam a União, suas autarquias e as empresas públicas federais, tendo em vista a previsão do art. 109, inc. I, da CF/88.

Referido dispositivo constitucional estabelece que cabe aos juízes federais a competência para julgar as causas em que a União, entidade autárquica ou empresa pública federal forem interessadas na condição de autoras, rés, assistentes ou oponentes, exceto as de falência, as de acidente de trabalho e as sujeitas à Justiça Eleitoral e à Justiça do Trabalho.

Nesse ponto, cabem algumas ponderações. Como se sabe, a divisão do poder judiciário brasileiro é feita pelos órgãos federais, estaduais e municipais, sendo a arbitragem um método, de caráter jurisdicional, independente, não compondo os órgãos federais, estaduais ou municipais.

Sendo assim, numa demanda em que fizesse parte a União, caso ela fosse proposta perante o Poder Judiciário, caberia ao juiz federal decidi-la – tal como prescreve o art. 109, inc. I, da CF/88.

Entretanto, nada impede que a União, ao firmar contratos envolvendo direitos patrimoniais disponíveis, estabeleça a arbitragem como meio de solucionar litígios. Nesse caso, não haverá ofensa à Constituição Federal.

A regra estabelecida no art. 109, inc. I, da CF/88, segundo Carlos Alberto CARMONA,[106] seria relevante no contexto da arbitragem para estabelecer o juízo competente na hipótese de a parte vencida pretender promover a ação de anulação da sentença arbitral de que trata o art. 33 da Lei 9.307/96, ou eventual ação de execução da sentença arbitral.

Nesses casos, a competência seria da justiça federal, ou seja, do órgão competente para julgar a ação caso as partes não tivessem se valido do juízo arbitral para decidi-la.

3.2.4 A competência para a instituição da convenção de arbitragem

Ultrapassada a discussão quanto à possibilidade de utilização da arbitragem pela Administração Pública, cabe-nos identificar qual a autoridade competente para a celebração de convenção de arbitragem.

União, que pode explora-las diretamente ou mediante autorização, concessão ou permissão (CF, art. 21, inc. XI, 'b').

[106] CARMONA, Carlos Alberto. Arbitragem e Processo, Comentário à Lei 9307/96, 3ª edição, São Paulo: Ed. Atlas, 2009, p. 47.

Trata-se de fato relevante, pois o administrador público não possui vontade; ele age nos estritos termos da lei. Por essa razão, a convenção de arbitragem deve ser celebrada por quem possua atribuição legal para tanto.[107]

O tema ganhou destaque após a entrada em vigor da Lei 13.129/2015, que introduziu o § 2º no artigo 1º da Lei de Arbitragem. Referido dispositivo afirma que a autoridade ou o órgão competente da Administração Pública direta para a celebração de convenção de arbitragem é a mesma para a realização de acordos ou transações.

Sendo os serviços de energia elétrica (pelo menos os de geração, transmissão e distribuição de energia) de titularidade da União (CF, art. 21, inc. XI, 'b'), a autoridade ou o órgão competente para a celebração de convenção de arbitragem nas relações advindas desses contratos será, necessariamente, a autoridade vinculada à União que possua competência para a realização de *acordos ou transações*.

Nos termos da Lei Complementar nº 73, de 10 de fevereiro de 1993, que instituiu a Lei Orgânica da Advocacia-Geral da União, são atribuições do Advogado-Geral da União, dentre outras, desistir, transigir, acordar e firmar compromisso nas ações de interesse da União (art. 4º, inc. VI, da Lei LC 73/1993).

A Lei nº 9.469, de 10 de julho de 1997, que regulamentou o art. 4º, inc. VI, da Lei LC 73/1993, trouxe mais algumas regras dispondo sobre a competência para celebração de acordos e transações nas ações de interesse da União. Tal competência irá variar de acordo o valor da causa. Em síntese, nas causas com valor de até R$ 500.000,00 (quinhentos mil reais), a competência para firmar acordos e transações será do Advogado-Geral da União. Contudo, quando a causa envolver valores superiores a R$ 500 mil, essa competência deixará de ser exclusiva do Advogado-Geral da União. A esse respeito, confira-se o art. 1º da Lei nº 9.469/1997:

> Art. 1º O Advogado-Geral da União, diretamente ou mediante delegação, e os dirigentes máximos das empresas públicas federais poderão autorizar a realização de acordos ou transações, em juízo, para

---

[107] MAROLLA, Eugênia Cristina Cleto. Arbitragem e os contratos da Administração Pública. 2015, 202 folhas. Tese (Doutorado em Direito), Faculdade de Direito – Pontifícia Universidade Católica de São Paulo, São Paulo. 2015, p. 138.

terminar o litígio, nas causas de valor até R$ 500.000,00 (quinhentos mil reais). (Redação dada pela Lei nº 11.941, de 2009)

§ 1º Quando a causa envolver valores superiores ao limite fixado neste artigo, o acordo ou a transação, sob pena de nulidade, dependerá de prévia e expressa autorização do Advogado-Geral da União e do Ministro de Estado ou do titular da Secretaria da Presidência da República a cuja área de competência estiver afeto o assunto, ou ainda do Presidente da Câmara dos Deputados, do Senado Federal, do Tribunal de Contas da União, de Tribunal ou Conselho, ou do Procurador-Geral da República, no caso de interesse dos órgãos dos Poderes Legislativo e Judiciário, ou do Ministério Público da União, excluídas as empresas públicas federais não dependentes, que necessitarão apenas de prévia e expressa autorização de seu dirigente máximo. (Redação dada pela Lei nº 11.941, de 2009)

Como se pode observar, quando a causa envolver valores superiores a R$ 500 mil, o acordo ou a transação, sob pena de nulidade, dependerá (além da autorização prévia do Advogado-Geral da União) do Ministro de Estado ou do titular da Secretaria da Presidência da República a cuja área de competência estiver afeto o assunto, ou ainda do Presidente da Câmara dos Deputados, do Senado Federal, do Tribunal de Contas da União, de Tribunal ou Conselho, ou do Procurador-Geral da República, no caso de interesse dos órgãos dos Poderes Legislativo e Judiciário, ou do Ministério Público da União.

Felizmente, o § 3º do art. 1º Lci nº 9.469/1997 autoriza expressamente que a competência para firmar acordos e transações (e, consequentemente, para firmar convenção de arbitragem) nas ações de interesse da União seja delegada. De modo a preservar a segurança jurídica e facilitar o controle da regularidade desse ato, mostra-se bastante salutar que essa delegação se dê de forma expressa, prévia à assinatura do contrato e tenha como destinatária a própria autoridade competente para assinar o contrato.

3.2.5 *Arbitragem e a administração pública na jurisprudência do TCU e do STJ*

O Superior Tribunal de Justiça possui posicionamento bastante consolidado a respeito do tema, reconhecendo a possibilidade de a Administração Pública se submeter a litígios arbitrais – desde que a matéria objeto do litígio envolva, evidentemente, direitos patrimoniais disponíveis.

O Tribunal de Contas de União, muito embora tenha caminhado no sentido de admitir a submissão da Administração a litígios arbitrais, continua criando certos empecilhos que tendem a ser afastados com a entrada em vigor da Lei 13.129/2015.[108]

3.2.5.1 O entendimento do Tribunal de Contas da União

Analisando o posicionamento do Tribunal de Contas da União a respeito da possibilidade de o Estado se submeter a um litígio arbitral, constatamos uma evolução acerca do tema.

Basicamente, o TCU vem impondo como requisito para admitir o cabimento da arbitragem a existência de previsão legal específica para tanto – tal como ocorre, por exemplo, nas Leis Gerais de Concessões (Lei 8.987/95) e PPP (Lei 11.079/2004).

Em acórdão proferido em 10/04/2003, (Acórdão 584/2003 – Segunda Câmara, Representação, **Ministro Relator** UBIRATAN AGUIAR) o TCU ressaltou que "não existindo autorização legal *para que a CBEE pudesse ter estabelecido a via arbitral para solução das controvérsias contratuais, tal previsão não obedeceu a um dos princípios fundamentais que regem a administração pública, que é o da legalidade. Essa cláusula contratual, portanto, deverá ser excluída do contrato.*"

Acordaram os Ministros do Tribunal de Contas da União, reunidos em Sessão da 2ª Câmara, que fosse feito termo aditivo aos contratos firmados com os produtores independentes de energia (termo de referência nº 01/2001), no sentido de excluir, nos termos do art. 58, inciso I da Lei nº 8.666/93, as cláusulas nºs 47 e 67, que tratam, respectivamente, de arbitragem e confidencialidade.

Nessa mesma linha, o TCU voltou a se manifestar no acórdão nº 537/2006:

> REPRESENTAÇÃO. PEDIDO DE REEXAME. INCLUSÃO DE CLÁUSULAS ILEGAIS EM CONTRATO ADMINISTRATIVO. NEGADO PROVIMENTO.

---

[108] Como já apontado, a Lei 13.129/2015 passa a admitir, expressamente, que a que Administração Pública direta e indireta utilize a arbitragem para dirimir conflitos relativos a direitos patrimoniais disponíveis.

É ilegal a previsão, em contrato administrativo, da adoção de juízo arbitral para a solução de conflitos, bem como a estipulação de cláusula de confidencialidade, por afronta ao princípio da publicidade. (Acórdão 537/2006 – Segunda Câmara, Ministro Relator WALTON ALENCAR RODRIGUES, Sessão 14/03/2006).

Nos referidos julgados, o TCU registrou que o cabimento de arbitragem envolvendo a Administração Pública pressuporia a existência de lei específica.

Após a prolação desses julgados houve diversas alterações legislativas e jurisprudenciais (admitindo a arbitragem como meio idôneo para dirimir conflitos envolvendo contratos administrativos) que não foram levadas em conta pelo TCU.

Posteriormente a esses precedentes dando fortes indícios de que o TCU passaria a admitir a arbitragem, principalmente em razão do advento de leis específicas autorizando a sua utilização pela Administração Pública, eis que o TCU, em acórdão proferido pelo Plenário,[109] tratando do contrato de concessão da Rodovia BR-101/ES/BA, manifestou-se acerca do tema de forma no mínimo inusitada, causando certa preocupação entre os investidores.

Nos termos do referido acórdão, o TCU, baseando-se em parecer interno, manifestou-se pela *"inaplicabilidade da arbitragem para resolução de divergências relativas às questões econômico-financeiras do contrato de concessão, haja vista o que dispõe o art. 24, inciso VII, da Lei 10.233/2001"*.

A área técnica do TCU entendeu que, no caso específico de contratos de concessão de serviços públicos, as questões econômico-financeiras são de interesse público e, por conseguinte, seriam indisponíveis – o que impediria a sua submissão a um juízo arbitral. Constou do acórdão:

> O ato administrativo de fixação das tarifas de serviços públicos é privativo da Administração Pública titular do serviço por atribuição legal ou constitucional. A sua natureza, outrora debatida pela doutrina, é regulamentar e não contratual em virtude de inexistir qualquer bilateralidade de fixação.

[109] Acórdão 2573/2012 – Plenário, Ministro Relator RAIMUNDO CARREIRO, Dou 26/09/2012.

Como a prestação de serviço público decorre da cobrança de tarifas públicas, Joana Paula Batista entende que 'em face da irrenunciabilidade do poder tarifário, a fixação das tarifas não poderá se submeter à arbitragem, forma alternativa de solução de disputas positivada pela Lei n. 9.307/1996'.

O posicionamento doutrinário de Joana Paula Batista (citado no referido trecho do acórdão) não está errado. De fato, a fixação das tarifas de serviços públicos é privativa da Administração Pública e não caracteriza uma atividade renunciável. A área técnica do TCU não captou, porém, adequadamente mencionado entendimento doutrinário.[110] O fato de a fixação das tarifas (por envolver uma cláusula regulamentar irrenunciável) não ser passível de ser submetida a uma decisão arbitral não significa dizer que todas as questões econômico-financeiras do contrato sejam irrenunciáveis.

Até porque, adotado esse entendimento, questões como o cálculo do desequilíbrio econômico-financeiro da concessão ou da indenização pela extinção do contrato não seriam passíveis de serem submetidas à arbitragem.

Maurício Portugal Ribeiro,[111] ao criticar referido acórdão, destaca que:

> por essa visão do TCU, se um concessionário resolvesse abrir mão de uma indenização do Poder Público, ou se renunciasse a um aumento de tarifa que lhe compense de um desequilíbrio econômico-financeiro, essas renúncias de receitas só poderiam ser feitas com supervisão judicial, o que, novamente, não faz qualquer sentido.

Como não poderia deixar de ser, essa decisão gerou um mal-estar (principalmente no âmbito da iniciativa privada), contribuindo para o aumento do

---

[110] Nesse mesmo sentido também se manifestou Maurício Portugal Ribeiro (RIBEIRO, Maurício Portugal. *Arbitragem, TCU e risco regulatório: se o TCU quiser contribuir para reduzir o risco regulatório precisa rever sua posição sobre Arbitragem Em Contratos Administrativos*. Disponível em: http://pt.slideshare.net/portugalribeiro/tcu-e-arbitragem-verso-preliminar-em-16122014. Acesso em: 11 jul. 2015).

[111] RIBEIRO, Maurício Portugal. *Arbitragem, TCU e risco regulatório: se o TCU quiser contribuir para reduzir o risco regulatório precisa rever sua posição sobre Arbitragem Em Contratos Administrativos*. Disponível em: http://pt.slideshare.net/portugalribeiro/tcu-e-arbitragem-verso-preliminar--em-16122014. Acesso em: 11 jul. 2015.

risco regulatório, podendo afastar possíveis investidores das futuras licitações de concessão e PPP – impactando de forma negativa (do ponto de vista econômico) futuros contratos de concessão – em prejuízo ao próprio *interesse público*.

Isso porque, como identificado por Maurício Portugal Ribeiro,[112] a arbitragem se tornou, na visão da iniciativa privada, o principal mecanismo compensatório da perda da independência política das agências reguladoras. Justamente por isso, vem se tornando comum pleitos, por parte da iniciativa privada, para incluir nos contratos de concessão cláusulas arbitrais – de modo a viabilizar que parte dos litígios travados com o Estado sejam dirimidos de uma forma mais técnica e, principalmente, célere.

Essa decisão do TCU, além de prejudicar o interesse de potenciais investidores, acaba gerando uma indevida e desnecessária insegurança jurídica no âmbito interno da própria Administração.

Felizmente, parece que essa decisão não representa o verdadeiro entendimento do TCU. Nesse ponto, houve, de fato, uma confusão, fazendo com que se proferisse acórdão dissociado das premissas adotadas pelo próprio Tribunal em outras situações.

Posteriormente, o próprio TCU proferiu novo acórdão (nº 2145/2013)[113] reconhecendo entendimento doutrinário e jurisprudencial de não confundir a indisponibilidade do interesse público com o interesse da administração, destacando que o primeiro é indisponível, o segundo não.

Nessa toada, após destacar o posicionamento do Ministro Maurício Corrêa do Supremo Tribunal Federal (proferido quando da relatoria do RE 248869-1 – Tribunal Pleno – 07/08/1993), o Relator ressaltou em seu voto o seguinte:

> 8. Deveras, é assente na doutrina e na jurisprudência que indisponível é o interesse público, e não o interesse da administração.
>
> ...

---

[112] RIBEIRO, Maurício Portugal. *Arbitragem, TCU e risco regulatório: se o TCU quiser contribuir para reduzir o risco regulatório precisa rever sua posição sobre Arbitragem Em Contratos Administrativos.* Disponível em: http://pt.slideshare.net/portugalribeiro/tcu-e-arbitragem-verso-preliminar-em-16122014. Acesso em: 11 jul. 2015.

[113] Acórdão 2145/2013 – Plenário, Ministro Relator BENJAMIN ZYMLER, data da sessão: 14/08/2013.

11. Destarte, é assente na doutrina que 'Ao optar pela arbitragem o contratante público não está transigindo com o interesse público, nem abrindo mão de instrumentos de defesa de interesses públicos, Está, sim, escolhendo uma forma mais expedita, ou um meio mais hábil, para a defesa do interesse público. Assim como o juiz, no procedimento judicial deve ser imparcial, também o árbitro deve decidir com imparcialidade, O interesse público não se confunde com o mero interesse da Administração ou da Fazenda Pública; o interesse público está na correta aplicação da lei e se confunde com a realização correta da Justiça.' (grifou-se) (In artigo intitulado 'Da Validade de Convenção de Arbitragem Pactuada por Sociedade de Economia Mista", de autoria dos professores Arnold Wald, Atlhos Gusmão Carneiro, Miguel Tostes de Alencar e Ruy Janoni Doutrado, publicado na Revista de Direito Bancário do Mercado de Capitais e da Arbitragem, nº 18, ano 5, outubro-dezembro de 2002, página 418.' (grifei)

25. O seguinte trecho do voto da Ministra Nancy Andrighi, quando da relatoria do Recurso Especial 904.813-PR (3ª Turma do Superior Tribunal de Justiça, de 28/02/2012), também é esclarecedor:

'Especificamente, no âmbito do Poder Público, há ainda a questão da impossibilidade de instituição do juízo arbitral para dirimir determinadas controvérsias que envolvem direitos indisponíveis, sendo necessária, portanto, a atuação da jurisdição estatal, cuja competência será fixada pela cláusula de foro prevista obrigatoriamente nos contratos administrativos.

Esse, contudo, não é o caso dos autos, cujo objeto da arbitragem limita-se à discussão acerca da manutenção do equilíbrio econômico financeiro do contrato, ou seja, não envolve direitos indisponíveis. Com efeito, a controvérsia estabelecida entre as partes é de caráter eminentemente patrimonial e disponível, tanto assim que as partes poderiam tê-la solucionado diretamente, sem intervenção tanto da jurisdição estatal, como do juízo arbitral.' (grifei)

26. **Desses entendimentos, conclui-se que, em regra, versam sobre direitos disponíveis os contratos administrativos perante os quais a administração está comprometida a uma contraprestação**

financeira em decorrência de fornecimento de bens, execução de obras ou prestação de serviços.
27. Assim, sob a estrita ótica da natureza do bem, poderia haver a estipulação de cláusula arbitral nos contratos administrativos. (Acórdão 2145/2013 – Plenário, Ministro Relator BENJAMIN ZYMLER, data da sessão: 14/08/2013 – grifado)

Destarte, em julgado mais recente o TCU reconheceu expressamente a possibilidade de se utilizar a arbitragem para resolver divergências *"relativas às questões econômico-financeiras do contrato de concessão"*. Tanto que acompanhou manifestação da Ministra do STJ Nancy Andrighi (no âmbito do Recurso Especial 904.813-PR) no sentido e que a **discussão acerca da manutenção do equilíbrio econômico financeiro do contrato não envolve direitos indisponíveis.**

Por outro lado, destacado acórdão confirmou posicionamentos anteriores do próprio TCU no sentido de ser necessário haver previsão legal específica para a aplicação do instituto da arbitragem em contratos administrativos.

Nesse ponto, constou do voto do Relator o seguinte:

28. Entretanto, de acordo com o princípio da legalidade a que está sujeita a administração pública, não vislumbro motivos para ser afastado os argumentos expendidos no bojo do TC 008.217/1993-9, quando o TCU, em sede de consulta formulada pelo então Ministro das Minas e Energia, manifestou-se no sentido que deve haver previsão legal para a aplicação do instituto da arbitragem em contratos administrativos (Decisão 286/1993-Plenário). Isso porque, consoante o seguinte trecho do voto condutor do Acórdão 1099/2006-Plenário, 'a Lei n.º 9.307/1996, que dispõe de modo geral sobre a arbitragem, não supre a necessária autorização legal específica para que possa ser adotado o juízo arbitral nos contratos celebrados'. (grifei).
29. Esse parece ser também o entendimento do legislador que especificamente, de acordo com a natureza das avenças, permitiu, somente em determinas hipóteses, a instituição de cláusula arbitral em contratos administrativos. Assim, ocorre nos contratos de concessão de serviços públicos (art. 23-A da Lei 8.987/1995), de parceria público privada

(art.11, inciso III da Lei 11.079/2004) e de transações, por parte de empresa estatal, de compra e venda de energia elétrica nos sistemas interligados (§ 4 do art. 20 da Lei 10.433/2002).

30. Ou seja, como regra geral, o compromisso arbitral não é cabível nos contratos administrativos, sendo as exceções objeto de específica disposição legal.

Assim, podemos concluir que o Tribunal de Contas da União admite a utilização da arbitragem pela Administração Pública (inclusive, como não poderia deixar de ser, para resolver divergências *"relativas às questões econômico--financeiras do contrato de concessão"*).

O TCU faz apenas a exigência de que exista previsão legal específica para a aplicação do instituto da arbitragem em contratos administrativos – tal como ocorre nos contratos de concessão de serviços públicos (art. 23-A da Lei 8.987/1995 e art.11, inciso III da Lei 11.079/2004), bem como nos contratos de compra e venda de energia elétrica (Lei 10.848, art. 4º, §6).

Sem prejuízo das previsões contidas nas referidas Leis que, durante certo período, conferiram considerável segurança jurídica para a utilização da arbitragem pela Administração Pública, a exigência (feita pelo TCU) de previsão legal específica passou a ser atendida, de forma ampla, em razão das inovações trazidas pela Lei 13.129/2015.

3.2.5.2 O entendimento do Superior Tribunal de Justiça

No âmbito do Superior Tribunal de Justiça, a utilização da arbitragem pela Administração Pública sempre foi admitida.

Em 25/10/2005, foi julgado o recurso especial nº 612.439/RS, de relatoria do Ministro JOÃO OTÁVIO DE NORONHA, reconhecendo como sendo válidos e eficazes os contratos firmados pelas sociedades de economia mista que estipulem cláusula compromissória submetendo à arbitragem eventuais litígios decorrentes de seus ajustes, com a seguinte ementa:

PROCESSO CIVIL. JUÍZO ARBITRAL. CLÁUSULA COMPRO-MISSÓRIA. EXTINÇÃO DO PROCESSO. ART. 267, VII, DO CPC. SOCIEDADE DE ECONOMIA MISTA. DIREITOS DISPONÍVEIS.

EXTINÇÃO DA AÇÃO CAUTELAR PREPARATÓRIA POR INOBSERVÂNCIA DO PRAZO LEGAL PARA A PROPOSIÇÃO DA AÇÃO PRINCIPAL.

1. Cláusula compromissória é o ato por meio do qual as partes contratantes formalizam seu desejo de submeter à arbitragem eventuais divergências ou litígios passíveis de ocorrer ao longo da execução da avença. Efetuado o ajuste, que só pode ocorrer em hipóteses envolvendo direitos disponíveis, ficam os contratantes vinculados à solução extrajudicial da pendência.

2. A eleição da cláusula compromissória é causa de extinção do processo sem julgamento do mérito, nos termos do art. 267, inciso VII, do Código de Processo Civil.

3. São válidos e eficazes os contratos firmados pelas sociedades de economia mista exploradoras de atividade econômica de produção ou comercialização de bens ou de prestação de serviços (CF, art. 173, § 1º) que estipulem cláusula compromissória submetendo à arbitragem eventuais litígios decorrentes do ajuste.

4. Recurso especial parcialmente provido. (REsp 612439/RS, Min. JOÃO OTÁVIO DE NORONHA, 2ª T, j. 25/10/2005, DJ 14/09/2006 p. 299)

No mesmo sentido, em 17/05/2007 foi julgado o recurso especial nº 606.345/RS, também de relatoria do Ministro JOÃO OTÁVIO DE NORONHA.

Em ambos os casos, o STJ entendeu que, estando o objeto do contrato de serviço público prestado pela entidade estatal estritamente vinculado à atividade econômica desenvolvida pela empresa estatal (venda de energia elétrica), inexiste óbice para se pactuar a respectiva cláusula compromissória.

Há ainda o acórdão proferido pela 1ª Seção do STJ (em 28/06/2006), no agravo regimental no mandado de segurança nº 11308/DF, de relatoria do Ministro LUIZ FUX:[114]

---

[114] ADMINISTRATIVO. MANDADO DE SEGURANÇA. PERMISSÃO DE ÁREA PORTUÁRIA. CELEBRAÇÃO DE CLÁUSULA COMPROMISSÓRIA. JUÍZO ARBITRAL. SOCIEDADE DE ECONOMIA MISTA. POSSIBILIDADE. ATENTADO.

1. A sociedade de economia mista, quando engendra vínculo de natureza disponível, encartado na mesma cláusula compromissória de submissão do litígio ao Juízo Arbitral, não pode pretender exercer poderes de supremacia contratual previsto na Lei 8.666/93.
2. A decisão judicial que confere eficácia à cláusula compromissória e julga extinto o processo pelo 'compromisso arbitral', se desrespeitada pela edição de Portaria que eclipsa a medida afastada pelo ato jurisdicional, caracteriza a figura do 'atentado' (art. 880 do CPC).
3. O atentado, como manifestação consistente na alteração do estado fático da lide influente para o desate da causa, pode ocorrer em qualquer processo. Impõe-se, contudo, esclarecer que, quando a ação é proposta, as partes não se imobilizam em relação ao bem sobre o qual gravita a lide. Nesse sentido, não se vislumbra na fruição normal da coisa ou na continuação de atos anteriores à lide (*qui continuat non attentan*). Assim, v.g., 'em ação de usucapião, como posse justificada, o usucapiente pode construir no imóvel; ao revés, há inovação no estado de fato e portanto comete atentado o réu que em ação reivindicatória procura valorizar o imóvel erigindo benfeitorias úteis no bem, ou o demandado que violando liminar deferida aumenta em extensão a sua infringência à posse alheia. De toda sorte, é imperioso assentar-se que só há atentado quando a inovação é prejudicial à apuração da verdade. O atentado pode ocorrer a qualquer tempo, inclusive, após a condenação e na relação de execução. (Luiz Fux, in, Curso de Direito Processual Civil, 3ª edição, Editora Forense, páginas 1637/1638)
4. Mandado de segurança impetrado contra ato do Ministro de Estado da Ciência e Tecnologia, ante a publicação da Portaria Ministerial nº 782, publicada no dia 07 de dezembro de 2005, que ratificou os termos da rescisão contratual procedida pela Nuclebrás Equipamentos Pesados S/A – NUCLEP, em 14 de junho de 2004, Ato Administrativo nº 01/2005, de 05 de setembro de 2005, do contrato administrativo de arrendamento C-291/AB -001, celebrado em 16 de dezembro de 1997, com a empresa TMC, terminal Multimodal de Coroa Grande S/A e autorizou tanto a assunção imediata pela NUCLEP, do objeto do contrato de arrendamento C-291/AB 001, conforme permissivo legal expresso no art. 80, inc. I da Lei 8.666/93, como a ocupação e utilização do local, instalações, necessárias à continuidade do objeto do contrato de arrendamento C-291-001, conforme permissivo legal expresso no art. 80, inc. II e § 3º, da Lei nº 8.666/93, em afronta às cláusulas 21.1 e 21.2, do Contrato de Arrendamento para Administração, Exploração e Operação do Terminal Portuário e de Área Retroportuária (Complexo Portuário), lavrado em 16/12/1997 (fls.31/42), de seguinte teor: "Cláusula 21.1 – Para dirimir as controvérsias resultantes deste Contrato e que não tenham podido ser resolvidas por negociações amigáveis, fica eleito o foro da Comarca do Rio de Janeiro, RJ, em detrimento de outro qualquer, por mais privilegiado que seja. Cláusula 21.2 – Antes de ingressar em juízo, as partes recorrerão ao processo de arbitragem previsto na Lei 9.307, de 23.09.06.
5. Questão gravitante sobre ser possível o juízo arbitral em contrato administrativo, posto relacionar-se a direitos indisponíveis.
6. A doutrina do tema sustenta a legalidade da submissão do Poder Público ao juízo arbitral, calcado em precedente do E. STF, in litteris: "Esse fenômeno, até certo ponto paradoxal, pode encontrar inúmeras explicações, e uma delas pode ser o erro, muito comum de relacionar a indisponibilidade de direitos a tudo quanto se puder associar, ainda que ligeiramente, à Administração." Um pesquisador atento e diligente poderá facilmente verificar que não existe qualquer razão que inviabilize o uso dos tribunais arbitrais por agentes do Estado. Aliás, os anais do STF dão conta de precedente muito expressivo, conhecido como 'caso Lage', no qual

a própria União submeteu-se a um juízo arbitral para resolver questão pendente com a Organização Lage, constituída de empresas privadas que se dedicassem a navegação, estaleiros e portos. A decisão nesse caso unanimemente proferida pelo Plenário do STF é de extrema importância porque reconheceu especificamente 'a legalidade do juízo arbitral, que o nosso direito sempre admitiu e consagrou, até mesmo nas causas contra a Fazenda.' Esse acórdão encampou a tese defendida em parecer da lavra do eminente Castro Nunes e fez honra a acórdão anterior, relatado pela autorizada pena do Min, Amaral Santos. Não só o uso da arbitragem não é defeso aos agentes da administração, como, antes é recomendável, posto que privilegia o interesse público.' (in 'Da Arbitrabilidade de Litígios Envolvendo Sociedades de Economia Mista e da Interpretação de Cláusula Compromissória', publicado na Revista de Direito Bancário do Mercado de Capitais e da Arbitragem, Editora Revista dos Tribunais, Ano 5, outubro – dezembro de 2002, coordenada por Arnold Wald, esclarece às páginas 398/399).

7. Deveras, não é qualquer direito público sindicável na via arbitral, mas somente aqueles cognominados como 'disponíveis', porquanto de natureza contratual ou privada.

8. A escorreita exegese da dicção legal impõe a distinção jus-filosófica entre o interesse público primário e o interesse da administração, cognominado 'interesse público secundário'. Lições de Carnelutti, Renato Alessi, Celso Antônio Bandeira de Mello e Min. Eros Roberto Grau.

9. O Estado, quando atestada a sua responsabilidade, revela-se tendente ao adimplemento da correspectiva indenização, coloca-se na posição de atendimento ao 'interesse público'. Ao revés, quando visa a evadir-se de sua responsabilidade no afã de minimizar os seus prejuízos patrimoniais, persegue nítido interesse secundário, subjetivamente pertinente ao aparelho estatal em subtrair-se de despesas, engendrando locupletamento à custa do dano alheio.

10. Destarte, é assente na doutrina e na jurisprudência que indisponível é o interesse público, e não o interesse da administração.

11. Sob esse enfoque, saliente-se que dentre os diversos atos praticados pela Administração, para a realização do interesse público primário, destacam-se aqueles em que se dispõe de determinados direitos patrimoniais, pragmáticos, cuja disponibilidade, em nome do bem coletivo, justifica a convenção da cláusula de arbitragem em sede de contrato administrativo.

12. As sociedades de economia mista, encontram-se em situação paritária em relação às empresas privadas nas suas atividades comerciais, consoante leitura do artigo 173, § 1º, inciso II, da Constituição Federal, evidenciando-se a inocorrência de quaisquer restrições quanto à possibilidade de celebrarem convenções de arbitragem para solução de conflitos de interesses, uma vez legitimadas para tal as suas congêneres.

13. Outrossim, a ausência de óbice na estipulação da arbitragem pelo Poder Público encontra supedâneo na doutrina clássica do tema, *verbis*: (...) Ao optar pela arbitragem o contratante público não está transigindo com o interesse público, nem abrindo mão de instrumentos de defesa de interesses públicos, Está, sim, escolhendo uma forma mais expedita, ou um meio mais hábil, para a defesa do interesse público. Assim como o juiz, no procedimento judicial deve ser imparcial, também o árbitro deve decidir com imparcialidade. O interesse público não se confunde com o mero interesse da Administração ou da Fazenda Pública; o interesse público está na correta aplicação da lei e se confunde com a realização correta da Justiça.' (No sentido da conclusão Dalmo Dallari, citado por Arnold Wald, Atlhos Gusmão Carneiro, Miguel Tostes de Alencar e Ruy Janoni Doutrado, em artigo intitulado 'Da Validade de Convenção de Arbitragem Pactuada por Sociedade de Economia Mista', publicado na Revista de

Direito Bancário do Mercado de Capitais e da Arbitragem, nº 18, ano 5, outubro-dezembro de 2002, à página 418).
14. A aplicabilidade do juízo arbitral em litígios administrativos, quando presentes direitos patrimoniais disponíveis do Estado é fomentada pela lei específica, porquanto mais célere, consoante se colhe do artigo 23 da Lei 8987/95, que dispõe acerca de concessões e permissões de serviços e obras públicas, e prevê em seu inciso XV, dentre as cláusulas essenciais do contrato de concessão de serviço público, as relativas ao 'foro e ao modo amigável de solução de divergências contratuais'. (Precedentes do Supremo Tribunal Federal: SE 5206 AgR/EP, de relatoria do Min. SEPÚLVEDA PERTENCE, publicado no DJ de 30-04-2004 e AI. 52.191, Pleno, Rel. Min. Bilac Pinto. in RTJ 68/382 – 'Caso Lage'. Cite-se ainda MS 199800200366-9, Conselho Especial, TJDF, J. 18.05.1999, Relatora Desembargadora Nancy Andrighi, DJ 18.08.1999.)
15. A aplicação da Lei 9.307/96 e do artigo 267, inc. VII do CPC à matéria sub judice, afasta a jurisdição estatal, *in casu* em obediência ao princípio do juiz natural (artigo 5º, LII da Constituição Federal de 1988).
16. É cediço que o juízo arbitral não subtrai a garantia constitucional do juiz natural, ao contrário, implica realizá-la, porquanto somente cabível por mútua concessão entre as partes, inaplicável, por isso, de forma coercitiva, tendo em vista que ambas as partes assumem o "risco" de serem derrotadas na arbitragem. (Precedente: Resp nº 450881 de relatoria do Ministro Castro Filho, publicado no DJ 26.05.2003)
17. Destarte, uma vez convencionado pelas partes cláusula arbitral, o árbitro vira juiz de fato e de direito da causa, e a decisão que então proferir não ficará sujeita a recurso ou à homologação judicial, segundo dispõe o artigo 18 da Lei 9.307/96, o que significa categorizá-lo como equivalente jurisdicional, porquanto terá os mesmos poderes do juiz togado, não sofrendo restrições na sua competência.
18. Outrossim, vige na jurisdição privada, tal como sucede naquela pública, o princípio do *Kompetenz-Kompetenz*, que estabelece ser o próprio juiz quem decide a respeito de sua competência.
19. Consequentemente, o fumus boni iuris assenta-se não apenas na cláusula compromissória, como também em decisão judicial que não pode ser infirmada por Portaria ulterior, porquanto a isso corresponderia verdadeiro 'atentado' (art. 879 e ss. do CPC) em face da sentença proferida pelo Juízo da 42ª Vara Cível da Comarca do Rio de Janeiro.
20. A título de argumento *obiter dictum* pretendesse a parte afastar a cláusula compromissória, cumprir-lhe-ia anular o contrato ao invés de sobrejulgá-lo por portaria ilegal.
21. Por fim, conclui com acerto Ministério Público, *verbis*: 'In casu, por se tratar tão somente de contrato administrativo versando cláusulas pelas quais a Administração está submetida a uma contraprestação financeira, indubitável o cabimento da arbitragem. Não faria sentido ampliar o conceito de indisponibilidade à obrigação de pagar vinculada à obra ou serviço executado a benefício auferido pela Administração em virtude da prestação regular do outro contratante. A arbitragem se revela, portanto, como o mecanismo adequado para a solução da presente controvérsia, haja vista, tratar-se de relação contratual de natureza disponível, conforme dispõe o artigo 1º, da Lei 9.307/96: 'as pessoas capazes de contratar poderão valer-se da arbitragem para dirimir litígios relativos a direitos patrimoniais disponíveis' (fls. 472/473).
22. *Ex positis*, concedo a segurança, para confirmar o teor da liminar dantes deferida, em que se determinava a conservação do *statu quo ante*, face a sentença proferida pelo Juízo da 42ª

ADMINISTRATIVO. MANDADO DE SEGURANÇA. PERMISSÃO DE ÁREA PORTUÁRIA. CELEBRAÇÃO DE CLÁUSULA COMPROMISSÓRIA. JUÍZO ARBITRAL. SOCIEDADE DE ECONOMIA MISTA. POSSIBILIDADE. (...) (MS 11308/DF, Rel. Min. LUIZ FUX, 1ª Seção, j. 09/04/2008, DJe 19/05/2008)

O referido acórdão representa um dos principais precedentes acerca do cabimento da arbitragem nos contratos firmados pela Administração Pública. Nele se analisou de forma aprofundada diversos temas que costumeiramente são vistos como supostos empecilhos para a instauração de uma arbitragem envolvendo o Poder Público.

O acórdão inicia sua fundamentação demonstrando que não seria todo e qualquer direito público sindicável na via arbitral, mas somente aqueles conhecidos como disponíveis, porquanto de natureza contratual ou privada. Para tanto, analisa a distinção jus-filosófica entre o interesse público primário e o interesse da administração, cognominado "interesse público secundário".[115]

Após defender a existência de direitos disponíveis (de natureza econômica) na esfera pública, o relator passa a demonstrar que a Administração Pública, ao optar pela arbitragem, não está transigindo com o interesse público, nem abrindo mão de instrumentos de defesa de interesses públicos, mas apenas escolhendo uma forma mais expedita, ou um meio mais hábil, para a defesa do interesse público.

Isso porque todas as garantias do devido processo legal também devem ser preservadas na arbitragem.

No mesmo sentido, a Ministra Nancy Andrighi, ao relatar o recurso especial nº 904.813-PR, reconheceu, de forma bastante esclarecedora, o cabimento da arbitragem pelo Poder Público:

> Especificamente, no âmbito do Poder Público, há ainda a questão da impossibilidade de instituição do juízo arbitral para dirimir

---

Vara Cível da Comarca do Rio de Janeiro, porquanto o presente litígio deverá ser conhecido e solucionado por juízo arbitral competente, eleito pelas partes. (MS 11308/DF, Rel. Min. LUIZ FUX, 1ª Seção, j. 09/04/2008, DJe 19/05/2008).
[115] Lições de Carnelutti, Renato Alessi, Celso Antônio Bandeira de Mello e Min. Eros Roberto Grau.

determinadas controvérsias que envolvem direitos indisponíveis, sendo necessária, portanto, a atuação da jurisdição estatal, cuja competência será fixada pela cláusula de foro prevista obrigatoriamente nos contratos administrativos.

Esse, contudo, não é o caso dos autos, cujo objeto da arbitragem limita-se à discussão acerca da manutenção do equilíbrio econômico financeiro do contrato, ou seja, não envolve direitos indisponíveis. Com efeito, a controvérsia estabelecida entre as partes é de caráter eminentemente patrimonial e disponível, tanto assim que as partes poderiam tê-la solucionado diretamente, sem intervenção tanto da jurisdição estatal, como do juízo arbitral. (Recurso Especial 904.813-PR, 3ª Turma do Superior Tribunal de Justiça, de 28/02/2012 – grifado)

O Superior Tribunal de Justiça possui, portanto, posicionamento bastante consolidado a respeito do cabimento da utilização da arbitragem pela Administração Pública para dirimir conflitos de natureza eminentemente patrimonial.

3.3 A arbitragem levada a efeito pela ANEEL (Lei nº 10.438/2002)

Feita essas considerações a respeito do instituto da arbitragem e da possibilidade de sua utilização pela Administração Pública, cabe examinar as previsões de arbitragem contidas no âmbito da Agência Nacional de Energia Elétrica – ANEEL. A análise desse aspecto terá a finalidade de identificar se realmente tais previsões dizem respeito à arbitragem (disciplinada pela Lei 9.307/96), ou se consistem em processo administrativo, passível de ser amplamente controlado Poder Judiciário.

3.3.1 A função julgadora da ANEEL

No âmbito das agências reguladoras, há diversas leis que privilegiam a composição de disputas, independentemente da intervenção do poder judiciário.

O setor energético brasileiro não foge a essa regra. Em virtude da complexidade técnica das discussões e das especificidades que envolvem os contratos de energia, o setor vem, há algum tempo, privilegiando mecanismos alternativos de solução de conflitos.

Esse fato decorre, em grande medida, da própria função julgadora das agências reguladoras independentes.

No Brasil, as agências reguladoras independentes foram criadas a partir da metade da década de 90, *"especialmente para exercer a atividade de regulação de determinados setores"*[116] – sendo que o exercício dessa função congrega inúmeras competências específicas.

Observa Alexandre dos Santos Aragão que, *"como o conceito de regulação agrega o exercício de uma série de funções e poderes administrativos, é decorrência necessária que as agências reguladoras desempenhem uma série de distintas funções, o que chega mesmo a desafiar algumas formulações tradicionais da doutrina da separação dos poderes"*.[117]

Segundo Marçal Justen Filho,[118] a competência regulamentar setorial das agências reguladoras significa o poder de editar normas abstratas infralegais, adotar decisões discricionárias e *compor conflitos num setor econômico*.

Da mesma forma, Carlos Ari Sundfeld ressalta que *"Regular é, ao mesmo tempo, ser capaz de dirimir conflitos coletivos ou individualizados. É por isso que surgem as agências, porque o Estado tem de regular"*.[119]

A importância dessa atuação das agências reguladoras mostra-se crucial também no setor elétrico, onde a complexidade da natureza das atividades e a quantidade de agentes demandam mecanismos ágeis e eficientes de solucionar conflitos.

Como destacamos anteriormente, há no setor aproximadamente 1500 empreendimentos de geração, dezenas de transmissoras, distribuidoras e mais de 3 (três) mil comercializadoras de energia elétrica (atuando no

---

[116] CARDOSO. André Guskow. As Agências Reguladoras e a Arbitragem. In: TALAMINI, Eduardo; PEREIRA, Cesar A. Guimarães (coords.). Arbitragem e poder público. São Paulo: Saraiva, 2010, p. 21.

[117] ARAGÃO, Alexandre dos Santos. Agências Reguladoras, 2ª edição, Rio de janeiro: Forense, 2009, p. 316.

[118] JUSTEN FILHO, Marçal. *Curso de direito administrativo*. 11. ed. São Paulo: Revista dos Tribunais, 2015, p. 695.

[119] Introdução às agências reguladoras, in: Carlos Ari Sundfeld (org.), Direito Administrativo Econômico, p. 32-33, p. 30.

âmbito da CCEE), as quais são responsáveis pelo atendimento de milhões de consumidores.[120]

Diante de números dessa monta, não é incomum surgirem divergências entre dois ou mais participantes desse mercado (ou entre esses agentes e seus consumidores). Na origem da desavença, múltiplas são as causas que podem ser encontradas, dentre elas: (i) desacordo acerca do cumprimento de cláusulas contratuais (prazos, preços, reajustes, aditivos); (ii) descumprimento de atos regulatórios; (iii) dificuldade de interpretação da legislação; (iv) questões ainda não reguladas.

No setor elétrico, essa competência de composição de conflitos decorre de previsão da própria Lei 9.427/1996, que instituiu a Agência Nacional de Energia Elétrica – ANEEL. Nos termos no inciso V do seu art. 3º da referida Lei, compete à ANEEL, dentre outras incumbências, "*dirimir, no âmbito administrativo, as divergências entre concessionárias, permissionárias, autorizadas, produtores independentes e autoprodutores, bem como entre esses agentes e seus consumidores*".

Da mesma forma, o Decreto nº 2.335/97, que constituiu a ANEEL como sendo uma autarquia sob regime especial, destaca que:

> Art. 18. A atuação da ANEEL para a finalidade prevista no inciso V do art. 3º da Lei nº 9.427, de 1996, será exercida direta ou indiretamente, de forma a:
> I – dirimir as divergências entre concessionários, permissionários, autorizados, produtores independentes e autoprodutores, bem como entre esses agentes e os consumidores, inclusive ouvindo diretamente as partes envolvidas;
> II – resolver os conflitos decorrentes da ação reguladora e fiscalizadora no âmbito dos serviços de energia elétrica, nos termos da legislação em vigor;
> III – prevenir a ocorrência de divergências;
> IV – proferir a decisão final, com força determinativa, em caso de não entendimento entre as partes envolvidas;
> V – utilizar os casos mediados como subsídios para regulamentação.

---

[120] Disponível em: <http://www.aneel.gov.br/arquivos/PDF/CT_%208_Mediacao.pdf>. Acesso em: 25 jun. 2015.

Em complemento às previsões acima mencionadas, em 27.05.2001 foi aprovado o Regulamento Conjunto de Resolução de Conflitos das Agências Reguladoras dos Setores de Energia Elétrica, Telecomunicações e Petróleo (Resolução Conjunta nº 2/01).

Por esse Regulamento, a ANEEL, a ANP e a ANATEL definiram o processo de resolução administrativa de conflitos sobre compartilhamento de infraestrutura. O referido Regulamento ainda estabeleceu, dentre diversos outros aspectos, que o *"processo de resolução administrativa de conflitos sobre compartilhamento de infraestrutura será conduzido pelas Agências no exercício da função de órgãos reguladores, objetivando assegurar a ampla, livre e justa competição e os benefícios aos usuários dos serviços"* (art. 2º da Resolução Conjunta nº 2/01).

Nesse contexto, diante das oscilações econômicas e até mesmo regulatórias (bastante comuns no Brasil), a atividade julgadora das agências reguladoras passa a ter cada vez mais relevância.

Como resultado dessa função julgadora das agências reguladoras, a Lei 10.438/2002 previu uma espécie de "arbitramento" (*arbitragem levada a efeito pela Aneel*) para solucionar conflitos advindos das relações firmadas no setor de energia elétrica:

> Art. 4º A Aneel procederá à recomposição tarifária extraordinária prevista no art. 28 da Medida Provisória nº 2.198-5, de 24 de agosto de 2001, sem prejuízo do reajuste tarifário anual previsto nos contratos de concessão de serviços públicos de distribuição de energia elétrica.
> (...)
> § 5º A recomposição tarifária extraordinária estará sujeita a homologação pela Aneel e observará as seguintes regras:
> (...)
> V – para atender aos fins previstos no inciso IV, a homologação da recomposição tarifária extraordinária estará condicionada, nos termos de resolução da Aneel, à solução de controvérsias contratuais e normativas e à eliminação e prevenção de eventuais litígios judiciais ou extrajudiciais, inclusive por meio de **arbitragem levada a efeito pela Aneel**;
> (...)

§ 6º Ficam as *empresas públicas e as sociedades de economia mista federais autorizadas a celebrar transações e a promover os atos necessários à solução de controvérsias contratuais e normativas prevista no inciso V do § 5º deste artigo, considerando-se disponíveis os direitos sobre os quais recairão.*

(...)

§ 8º Os contratos iniciais e equivalentes, assim reconhecidos em resolução da Aneel, serão aditados para contemplar uma fórmula compulsória de solução de controvérsias, para que a Aneel instaure *ex officio*, caso as partes não o façam em prazo determinado, os mecanismos de solução de controvérsias existentes, *sem prejuízo da atuação subsidiária da Aneel na arbitragem de controvérsias.* (grifado)

Referido dispositivo, ao tratar da recomposição tarifária extraordinária, admite que tais discussões se deem por meio de *arbitragem levada a efeito pela ANEEL*.

Além disso, mencionada Lei deixou consignado que as empresas públicas e as sociedades de economia mista federais estão autorizadas a celebrar transações e a promover os atos necessários à solução de controvérsias contratuais e normativas, prevista no inciso V do § 5º do art. 4º da Lei 10.438/2002.

Com isso, e seguindo a orientação jurisprudencial e doutrinária majoritárias, reconheceu-se, expressamente, como sendo *disponíveis* os direitos relacionados à recomposição tarifária extraordinária.

Há, assim, uma forte tendência, no âmbito das agências reguladoras (especialmente do setor energético), de privilegiar a composição de disputas, independentemente da intervenção do poder judiciário.

3.3.2 A natureza jurídica da arbitragem prevista na Lei 10.438/2002

Diante da previsão legal contida no art. 4º da Lei 10.438/2002, cabe-nos, inicialmente, esclarecer que a "arbitragem levada a efeito pela Aneel" não caracteriza propriamente um procedimento arbitral, nos termos da Lei 9.307/96.

Pontua Alexandre Freitas Câmara que as agências reguladoras não podem atuar como cortes arbitrais. Isso porque a arbitragem, por definição, seria uma atividade (de natureza jurisdicional) que é exercida à margem do Estado, de modo que se uma agência exercesse essa atividade de corte arbitral, exerceria uma função que não seria típica dos órgãos administrativos.[121]

Muito embora exista, de forma isolada, quem admita que as agências reguladoras possam "*funcionar como tribunal arbitral, exercitando plenamente sua função jurisdicional, havendo ao revés enorme vantagem, visto que detentora de conhecimento técnico específico do setor*",[122] esse entendimento não parece ter atraído muitos seguidores.

Não nos parece correto afirmar que uma agência reguladora possa exercer uma atividade jurisdicional.

Sem adentrarmos na questão relacionada à separação dos Poderes, nos regramentos previstos na ANEEL (por exemplo) não estão presentes as características básicas da instauração de uma arbitragem (nos termos da Lei 9.307/96), tais como (i) a autonomia da vontade para a escolha dos árbitros, (ii) a irrecorribilidade da decisão, e, dentre outras, (iii) a formação de coisa julgada material da sentença proferida.

Essa afirmação pode ser extraída do Decreto nº 2.335/97. Ao tratar a função julgadora da ANEEL, referido Decreto destaca que a atuação da Agência para a finalidade prevista no inciso V do art. 3º da Lei nº 9.427/96 será exercida de forma a proferir a decisão final, *com força determinativa*, em caso de não entendimento entre as partes envolvidas (art. 18, inc. IV). Essa *força determinativa* da decisão da Agência decorre da imperatividade dos atos administrativos, e não se confunde com a *força definitiva* das sentenças arbitrais.

Uma sentença arbitral, proferida em conformidade com a Lei 9.307/96, não fica sujeita a recurso ou a homologação do Poder Judiciário (art. 18 da Lei 9.307/96) – o que evidentemente não ocorre com as decisões proferidas pelos órgãos administrativos.

Em verdade, as "arbitragens" instauradas nas agências reguladoras representam um verdadeiro processo administrativo, e não uma arbitragem nos moldes da Lei 9.307/96.

---

[121] CÂMARA, Alexandre Freitas. Arbitragem nos conflitos envolvendo as agências reguladoras. Revista de Direito da Associação dos Procuradores do Novo Estado do Rio de Janeiro, Rio de Janeiro, n. 11, 2002, p. 145.

[122] BACELAR, Luiz Ricardo Trindade. Função Jurisdicional das agências reguladoras. Revista de Processo, Instituto Brasileiro de Direito Processual (IBDP), São Paulo, v. 28, n. 111, p. 148–161, jul./set., 2003, p. 157.

Esse entendimento vem sendo comungado por grande parte dos autores que se propõem a analisar o tema. Como destacam Helena Caetano de Araújo e José Cláudio Linhares Pires, *"nesse tipo de atuação, a agência exerce uma função da administração pública idêntica a do julgador nos processos administrativos, a qual, em geral, não afasta o recurso ao Judiciário da parte que se sentiu prejudicada com a decisão"*.[123]

Da mesma forma, Luiza Rangel de Moraes destaca que

> A atribuição, que normalmente consta da disciplina das Agências Reguladoras, no âmbito dos serviços públicos, de compor os conflitos entre os agentes subordinados à sua competência não configura autêntica arbitragem. Essa atuação desenvolve-se no curso de um processo administrativo, que não pode ser confundido com o processo de arbitragem.[124]

Esse entendimento está balizado nas seguintes premissas:

> a submissão de litígios a um juízo arbitral não pode prescindir da voluntariedade das partes, manifestada pelo compromisso firmado no sentido de renúncia à jurisdição estatal e da entrega da função de julgar a lide a um órgão jurisdicional privado, que terá a seu cargo a arbitragem do conflito surgido entre essas mesmas partes. Tal característica de livre manifestação de vontade não está presente no processo administrativo, que se rege por princípios e preceitos de direito público, conferindo-se aos administrados a garantia do devido processo legal.[125]

Nessa linha também Paulo Osternack AMARAL observa:

> O cotejo das características previstas na Lei de Arbitragem com as contidas no regramento das agências conduz à conclusão de que os

---

[123] ARAÚJO, Helena Caetano de. Regulação e arbitragem nos setores de serviços públicos no Brasil: problemas e possibilidades. Revista da Administração Pública, n. 34, set./out. 2000, p. 24.
[124] Arbitragem e agências reguladoras. Revista de Arbitragem e Mediação, n. 2, maio/ago. 2004, RT, p. 83.
[125] MORAES, Luiza Rangel de. Arbitragem e agências reguladoras. Revista de Arbitragem e Mediação, São Paulo, n. 2, maio/ago. 2004, p. 85.

processos decisórios conduzidos pelas agências reguladoras, com base no mérito de resolução de controvérsias concebido pelas leis do setor, não são verdadeiras arbitragens. Trata-se de processos administrativos, que produzem decisões administrativas, passíveis de serem submetidas ao controle amplo pelo Poder Judiciário.[126]

A título ilustrativo, essa discussão não é exclusiva do direito brasileiro. No âmbito do direito português, por exemplo, José Luís Esquível, ao denominar a atividade julgadora da administração pública como *"atividade administrativa arbitral"*,[127] reconhece que,

> apesar de, quer a arbitragem, quer a *actividade administrativa arbitral* se destinarem ambas a resolver um litígio, como à primeira vista se constata, trata-se de figuras muito diferentes, desde logo, porque, na primeira, dá-se o exercício da função jurisdicional, ao passo que, na segunda, está apenas em causa o exercício da função administrativa, com todas as consequências jurídicas daí decorrentes (destacado).

E conclui:

> o facto de a lei reconhecer competência a uma entidade administrativa para decidir, num primeiro momento, um litígio entre particulares ou até entre outras entidades administrativas, não pode significar imediatamente a conversão dessa entidade administrativa numa entidade jurisdicional uma vez que, por mais relevantes que possam ser as decisões ou actos resultantes da actividade administrativa arbitral, 'não são eles que individualizam as funções do Estado ou que efectam o núcleo específico dos órgãos a que são cometidos.[128]

---

[126] AMARAL, Paulo Osternack. Arbitragem e Administração Pública, Aspectos Processuais, Medidas de Urgência e Instrumentos de Controle, Belo Horizonte: Fórum, 2012, p. 193.
[127] ESQUÍVEL, José Luís. Os contratos administrativos e a arbitragem. Coimbra: Almedina, 2004, p. 109.
[128] ESQUÍVEL, José Luís. Os contratos administrativos e a arbitragem. Coimbra: Almedina, 2004, p. 113.

Também no direito italiano, como bem identificou André Guskow Cardoso,[129] há entendimento no sentido de que a autoridade administrativa não pode fazer as vezes do órgão arbitral.

Maria Vaccarella, após examinar a lei italiana que instituiu normas para a concorrência e regulação de serviços de utilidade pública (Lei 481, de 14.11.1995), ressaltou:

> l'Autorità non è organo di arbitrato o di conciliazioni ma di controllo o di regolazione e quindi essa rappresenta solo la sede (neutrale) presso cui si svolgerà la procedura arbitrale, non potendo nello stesso tempo un arbitro essere organo di regolazione (ornanismo pubblico amministrativo) e giudice e quindi, presumibilmente non imparziale.[130]

Nesse ponto, comungamos do posicionamento de que os processos decisórios levados a efeito pela ANEEL representam verdadeiros processos administrativos, que produzem *decisões administrativas, passíveis de serem submetidas ao controle pelo Poder Judiciário.*

Em outras palavras, como no processo "arbitral" previsto na Lei 10.438/2002 não se verifica a autonomia da vontade para a escolha dos árbitros e, dentre outras, a formação de coisa julgada material da decisão proferida, não há como se identificar a existência de uma verdadeira arbitragem, nos termos da Lei 9.307/96.

---

[129] As Agências Reguladoras e a Arbitragem. In: TALAMINI, Eduardo; PEREIRA, Cesar A. Guimarães (coords.). Arbitragem e poder público. São Paulo: Saraiva, 2010, p. 40.

[130] Arbitrato e giurisdizione amministrativa. Torino, Giappichelli, Torino, 2004, p. 93. Tradução livre: "A Autoridade não é órgão arbitral ou de conciliação, mas de controle e regulação e, portanto, ela representa apenas a sede (neutra), que terá lugar o procedimento arbitral, não podendo ao mesmo tempo um árbitro ser juiz e órgão regulador (organismo público administrativo), presumivelmente não imparcial".

Capítulo 4
A ARBITRAGEM NOS CONTRATOS DE CONCESSÃO, PERMISSÃO E DE OBRA PÚBLICA

Feito esse apanhado a respeito dos mecanismos alternativos de solucionar conflitos previstos no setor de energia elétrica, bem como da possibilidade da Administração Pública se valer da arbitragem, mostra-se relevante demonstrarmos como esses mecanismos vêm sendo efetivamente utilizados nos contratos firmados no setor.

Por uma opção didática, e até mesmo em virtude das peculiaridades da atividade de comercialização de energia elétrica (exercida no âmbito da Câmara de Comercialização de Energia Elétrica – CCEE), a verificação dos contratos firmados na comercialização de energia será feita em capítulo específico.

4.1 Previsão legal

Os serviços e instalações de energia elétrica e o aproveitamento energético dos cursos de água, em circulação com os Estados onde se situam os potenciais hidroelétricos, representam atividades exclusivas da União, que pode explorá-las diretamente ou mediante os institutos da autorização, concessão ou permissão (CF, art. 21, inc. XI, 'b').

Por essa razão, os contratos de concessão e permissão firmados entre a União e a iniciativa privada no setor elétrico acabam sendo regidos basicamente pelas Leis 8.987/1995 e 11.079/2004.

Sem adentrarmos na discussão se a redação do art. 1º da Lei 9.307/96 (que vigorou até 27.7.2015) conferia, ou não, a possibilidade de Administração Pública participar de litígios arbitrais, o fato é que há previsão legal expressa para a utilização da arbitragem pela Administração Pública desde 2004, com o advento da Lei 11.079/2004 (que criou a chamada Parceria Público-Privada – no âmbito da Administração Pública Federal).

> Art. 11. O instrumento convocatório conterá minuta do contrato, indicará expressamente a submissão da licitação às normas desta Lei e observará, no que couber, os §§ 3º e 4º do art. 15, os arts. 18, 19 e 21 da Lei nº 8.987, de 13 de fevereiro de 1995, podendo ainda prever:
> (...)
> III – o emprego dos mecanismos privados de resolução de disputas, inclusive a arbitragem, a ser realizada no Brasil e em língua portuguesa, nos termos da Lei nº 9.307, de 23 de setembro de 1996, para dirimir conflitos decorrentes ou relacionados ao contrato.

Pouco depois, em 2005, previsão similar passou a constar na Lei de Concessão e Permissão de Serviços Públicos (Lei 8.987/1995). Inicialmente, a Lei 8.987/95 previu apenas a possibilidade de utilização de mecanismo *amigável de solução das divergências contratuais* (artigo 23, inciso XV).

Posteriormente, por força da Lei 11.196/2005, foi incluído à Lei de Concessões o artigo 23-A, reconhecendo expressamente a arbitragem como meio hábil para solucionar disputas provenientes do contrato.

> Art. 23-A. O contrato de concessão poderá prever o emprego de mecanismos privados para resolução de disputas decorrentes ou relacionadas ao contrato, **inclusive a arbitragem**, a ser realizada no Brasil e em língua portuguesa, nos termos da Lei nº 9.307, de 23 de setembro de 1996. (grifado)

Sem prejuízo dessas previsões legais (suficientes para conferir a segurança necessária para a Administração Pública se valer desse instituto), a Lei nº 13.129, de 26 de maio de 2015 (como já destacado), passou a admitir, de forma ampla, que a Administração Pública direta e indireta utilize da arbitragem para dirimir conflitos relativos a direitos patrimoniais disponíveis.[131]

4.2 As formas de solucionar conflitos previstas nos contratos de geração, distribuição e transmissão de energia elétrica

Todo esse cenário favorável à utilização de mecanismos alternativos de solução de conflitos vem se materializando nos contratos de energia elétrica firmados pela União.

4.2.1 Contratos de geração de energia elétrica

A atividade de geração de energia elétrica, se comparada com outros setores regulados, evoluiu rapidamente para admitir a utilização da arbitragem em seus contratos.

Ao que parece, contudo, a Lei de Arbitragem (Lei 9.307/96) não foi suficiente para mudar a cultura do setor, de modo a se introduzir a arbitragem como meio idôneo para dirimir os conflitos advindos dessas relações contratuais.

Fazendo uma análise dos contratos firmados no âmbito da geração, foi apenas após a entrada em vigor da Lei 11.196/2005 (que introduziu o artigo 23-A à Lei de Concessões, reconhecendo expressamente o cabimento da arbitragem nos contratos de concessão) que a arbitragem passou a ser prevista nos ajustes.

A título de exemplo, em 15 de julho de 1997, a União firmou o contrato de concessão de energia elétrica nº 009/1997, que tinha por objeto estabelecer condições para o aproveitamento de potencial hidráulico em trecho do rio Pelotas, no Estado de Santa Catarina. No referido contrato, havia a previsão para que as partes resolvessem suas futuras e eventuais controvérsias mediante

---

[131] Não apenas nos contratos regidos pelas Leis 8.987/1995 e 11.079/2004.

composição amigável, facultada a utilização de mediação, através de perito escolhido por consenso, conforme procedimento a ser acordado entre as partes no prazo de um ano da assinatura.

Todavia, vedou expressamente a utilização da arbitragem, nos termos da Lei nº 9.307, de 23 de setembro de 1996.[132]

Ainda em 1997, e quase 1 (um) ano após a entrada em vigor da Lei de Arbitragem, a União firmou o contrato de concessão de geração de energia elétrica nº 011/97, que tinha por objeto regular a exploração, pela concessionária, do potencial de energia hidrelétrica da Usina Hidrelétrica de Cachoeira Dourada, localizado no curso do Rio Paranaíba, no Estado de Goiás.

Esse contrato, como de costume no setor elétrico, prevê, em caso de divergência na interpretação ou execução de quaisquer de seus dispositivos, que o Poder Concedente e a Concessionária formem, em cada caso, uma comissão de três (3) membros especialistas, com a incumbência de sugerir, no prazo que for indicado, a solução negociada do conflito.

Os membros dessa comissão (que atuam como conciliadores) seriam designados, por escrito, um pelo Poder Concedente, outro pela Concessionária e, o terceiro, de comum acordo pelas partes em conflito – sendo que as dúvidas ou controvérsias não solucionadas pela referida comissão deveriam ser apreciadas e dirimidas judicialmente.

Muito embora ainda não constasse de forma expressa a previsão da arbitragem, retirou-se, ao menos, a previsão contida em contratos anteriores que proibia a sua utilização.

O mesmo ocorreu em contratos seguintes como, por exemplo, no de concessão de geração de energia elétrica nº 04/97, firmado pela União em 11 de dezembro de 1997.[133] Ou seja, ainda não havia a previsão expressa para a utilização da arbitragem, mas também não havia qualquer proibição nesse sentido.

---

[132] "**CLÁUSULA DÉCIMA SEXTA – SOLUÇÃO DE CONTROVÉRSIAS**
As partes procurarão resolver as controvérsias porventura decorrentes da aplicação deste Contrato mediante composição amigável, facultada a utilização de mediação, através de perito escolhido por consenso, conforme procedimento a ser acordado entre as partes no prazo de um ano da assinatura deste instrumento, **vedada a utilização da arbitragem de que trata a Lei nº 9.307, de 23 de setembro de1996.**" (grifado)

[133] Trata-se do contrato para geração de energia elétrica celebrado entre a União e a Centrais Elétricas Matogrossenses S.A. – CEMAT.

Foi apenas em 2008 o primeiro contrato de concessão para geração de energia elétrica prevendo expressamente a arbitragem como meio idôneo para dirimir determinados conflitos. Tratou-se do contrato de concessão de uso de bem público para geração de energia elétrica nº 001/2008, celebrado entre a União e a Empresa Madeira Energia S.A – MESA.

Referido contrato tinha por objeto regular a exploração, pelo concessionário (na qualidade de produtor independente), do potencial de energia hidráulica localizado no Rio Madeira, no Estado de Rondônia, bem como as respectivas instalações de Transmissão de Interesse Restrito à Usina Hidrelétrica.

Em sua cláusula décima quinta ficou estabelecido que quaisquer litígios, controvérsias ou discordâncias relativas às indenizações eventualmente devidas quando da extinção do contrato, inclusive quanto aos bens revertidos, serão definitivamente resolvidos por arbitragem (nos termos da Lei 9.307), de acordo com o Regulamento de Arbitragem da Câmara de Comércio Internacional – CCI.

O contrato ainda consignou que *outros* litígios, controvérsias ou discordâncias relativas a direitos patrimoniais disponíveis decorrentes do contrato poderiam ser dirimidos por meio de arbitragem. Para tanto, basta que as partes, em comum acordo, celebrem compromisso arbitral, de modo a definir o objeto, a forma, as condições e as demais regras aplicáveis ao processo de arbitragem.

O mesmo ocorreu em diversos outros contratos de concessão, sobretudo de uso de bem público para geração de energia elétrica, firmados posteriormente pela União.[134]

Todos esses contratos posteriores utilizaram o mesmo modelo de cláusula compromissória acima destacada, estipulando que os litígios arbitrais instaurados sejam definitivamente resolvidos em conformidade com o Regulamento de Arbitragem da Câmara de Comércio Internacional – CCI.

---

[134] A título de exemplo, podemos citar, dentre outros: (i) o contrato de concessão de uso de bem público para geração de energia elétrica (nº 01/2010-MME-UHE Belo Monte; (ii) o contrato de concessão de uso de bem público para geração de energia elétrica (nº 007/2013-ANEEL – PCH Cavernoso; (iii) o contrato de concessão de uso de bem público para geração de energia elétrica (nº 08/2013-ANEEL; e (iv) o contrato de concessão de uso de bem público para geração de energia elétrica (nº 01/2014-MME-UHE SINOP).

4.2.2 Contratos de Transmissão e Distribuição de energia elétrica

Assim como nos contratos de geração de energia, os contratos de distribuição costumeiramente admitem a utilização de conciliadores, escolhidos pelo Poder Concedente e pela Concessionária, para dirimir eventuais divergências na interpretação ou execução de quaisquer de seus dispositivos.

No contrato de concessão para distribuição de energia elétrica nº 014/97, firmado pela União e a Companhia Paulista de Força e Luz – CPFL, por exemplo, ficou estabelecido que, resguardado o interesse público, havendo divergência de interpretação ou execução de qualquer cláusula do contrato, o Poder Concedente e a Concessionária poderão formar, em cada caso, uma comissão de três (3) membros especialistas, com a incumbência de sugerir, no prazo que for indicado, a solução negociada do conflito.

Os membros dessa comissão serão designados por escrito, um pelo Poder Concedente, outro pela Concessionária e, o terceiro, de comum acordo pelas partes em conflito – sendo que as dúvidas ou controvérsias não solucionadas pela referida comissão deveriam ser apreciadas e dirimidas judicialmente.

Por sua vez, o contrato de concessão para distribuição de energia nº 107/2001, firmado entre a União e a Usina Hidroelétrica Nova Palma previu disposição um pouco diversa – sem a figura de um conciliador. Admitiu-se que a concessionária, no caso de divergência de interpretação ou execução de qualquer cláusula do contrato, solicite às áreas organizacionais da ANEEL, afetas ao assunto, a realização de audiências com a finalidade de harmonizar os entendimentos. Ao que parece, esse mecanismo de solução de conflito refere-se à mediação instaurada pela ANEEL, analisada no item 2.2, acima.

Também nos contratos de concessão para transmissão de energia elétrica é comum encontrarmos cláusulas específicas estipulando meios alternativos de solução de divergências. No contrato de concessão de serviço público de transmissão de energia elétrica nº 21/2014, firmado entre a União e COPEL Geração e Transmissão S.A, por exemplo, há previsão de que:

> Resguardado o interesse público, na hipótese de divergência na interpretação ou execução de dispositivos do presente CONTRATO, a TRANSMISSORA poderá solicitar às áreas organizacionais da ANEEL

afetas ao assunto a realização de audiências com a finalidade de harmonizar os entendimentos, conforme procedimento aplicável.

Subcláusula única – Para dirimir as dúvidas ou controvérsias não solucionadas de modo amigável, na forma indicada no caput desta Cláusula, fica eleito o Foro da Justiça da Seção Judiciária do Distrito Federal, com renúncia expressa das partes a outros, por mais privilegiados que forem.

Essa mesma cláusula parece servir de modelo e é usada em diversos outros contratos de *concessão* para transmissão de energia elétrica – inclusive nos contratos de *permissão* de serviço público para distribuição de energia elétrica.

Muito embora não se tenha identificado, até o momento, previsão de cláusulas arbitrais nos contratos relacionados à transmissão e distribuição de energia elétrica, essa ausência não se relaciona com qualquer impedimento. Muito ao contrário: a utilização da arbitragem mostra-se perfeitamente possível a adequada, como demonstramos no capítulo 3.

Ademais, como demonstraremos no capítulo 6, a arbitragem poderá vir a ser instaurada até mesmo em questões decorrentes de contratos em que não haja previsão desse mecanismo de solução de controvérsias. Nesse caso, estando de acordo, as partes poderão, caso se deparem diante de um litígio envolvendo direitos patrimoniais disponíveis, firmar um documento apartado, denominado *compromisso arbitral*, e darem início ao processo arbitral – tal como autoriza o art. 9º da Lei de Arbitragem.

4.3 A arbitragem e os contratos regidos pelas Leis 8.666/93 e 12.462/2011

Nem todos os contratos firmados no setor elétrico pela Administração Pública envolvem, necessariamente, a prestação de serviços. Há também aqueles que têm por objeto uma obra pública, ou seja, *"a construção, reparação, edificação ou ampliação de um bem imóvel pertencente ou incorporado ao domínio público"*.[135]

Como exemplo destas contratações, citemos a construção de usinas, Pequenas Centrais Hidrelétricas – PCH, linhas de transmissão; enfim, contratos

---

[135] BANDEIRA DE MELLO, Celso Antônio. *Curso de direito administrativo*. 32. ed. São Paulo: Malheiros, 2015, p. 706.

que visem implementar uma infraestrutura necessária para a futura prestação de serviços elétricos.

Esses contratos, que têm por objeto exclusivamente a implantação de uma obra pública, acabam sendo regidos ou pela Lei 8.666/93 (Lei de licitações e contratos administrativos), ou até mesmo pela Lei 12.462/2011 (Regime Diferenciado de Contratações Públicas – RDC).

Muito embora a Lei 8.666/93 não preveja expressamente a arbitragem como um meio possível para dirimir os conflitos advindos dos contratos firmados, a ausência de previsão não representa um impedimento para a sua adoção.

Nem mesmo a previsão contida no §2º do artigo 55 da Lei 8.666/93 pode ser vista como um empecilho para a arbitragem. Referido dispositivo legal dispõe:

> Art. 55. São cláusulas necessárias em todo contrato as que estabeleçam:
> (...)
> §2º Nos contratos celebrados pela Administração Pública com pessoas físicas ou jurídicas, inclusive aquelas domiciliadas no estrangeiro, deverá constar necessariamente cláusula que declare competente o foro da sede da Administração para dirimir qualquer questão contratual, salvo o disposto no §6º do art. 32 desta Lei.

Nesse ponto, parece-nos indispensável trazer à baila as lições de Carlos Alberto Carmona, quando afirma que a Lei de Licitações e Contratos Administrativos não determina que as controvérsias oriundas dos contratos celebrados sejam dirimidas pelo Poder Judiciário. Se assim fosse, *não poderia haver resolução de pendências contratuais através da transação*, ou, em outras palavras, quaisquer pedidos de reequilíbrio contratual (por exemplo) apenas poderiam ser concedidos pela via judicial – o que evidentemente seria manifestamente inapropriado.

Nas palavras do referido autor:

> o texto legal exige, isso sim, que se as partes tiverem que acorrer ao Poder Judiciário, será competente o juízo do foro da sede da Administração, e não órgão judicial situado em outra região geográfica. Explico: **o vocábulo foro, na técnica processual, significa território,**

indicando, portanto, um local (Município ou pluralidade de Municípios sujeitos à competência de um ou vários juízes, ou ainda, como ocorre na Justiça Federal, o espaço geográfico que forma a seção judiciária) **onde o juiz exerce a jurisdição.**[136] (grifado)

Portanto, ainda que a relação contratual seja regida exclusivamente pela Lei 8.666/93, não há qualquer impedimento para a utilização da arbitragem – caso surja um conflito envolvendo direitos patrimoniais disponíveis. Esse entendimento se confirmou com entrada em vigor da Lei nº 13.129/15, que passou a admitir que a Administração Pública direta e indireta utilize da arbitragem em qualquer controvérsia envolvendo direitos patrimoniais disponíveis.

Por outro lado, com a entrada em vigor da Lei 13.190/2015, a arbitragem passou a ser expressamente admitida para solucionar disputas advindas das contratações regidas pela Lei 12.462/2011 (Regime Diferenciado de Contratações Públicas – RDC).

> Art. 44-A. Nos contratos regidos por esta Lei, poderá ser admitido o emprego dos mecanismos privados de resolução de disputas, inclusive a arbitragem, a ser realizada no Brasil e em língua portuguesa, nos termos da Lei nº 9.307, de 23 de setembro de 1996, e a mediação, para dirimir conflitos decorrentes da sua execução ou a ela relacionados.

Essa recente alteração legislativa introduzida no âmbito do RDC segue a linha que vem sendo adotada pelo Poder Legislativo no sentido passar a prever, de forma expressa, a possibilidade de utilização da arbitragem pela Administração Pública. Muito embora essa possibilidade esteja contida de forma ampla e geral na Lei nº 13.129/15 (acima destacada), essa previsão expressa pode servir não apenas como reforço, mas tende a conferir (ainda que de forma desnecessária) maior segurança ao próprio Administrador na utilização desses mecanismos alternativos de solução de conflitos.

---

[136] CARMONA, Carlos Alberto. Arbitragem e processo: um comentário à Lei 9707. 3.ed. São Paulo: Malheiros, 2009, p. 48.

4.4 As matérias contratuais passíveis de serem submetidas à arbitragem

A sistematização pretendida não será, evidentemente, exaustiva, de modo que a adequada identificação de aspectos arbitráveis nos contratos firmados pelo Estado no setor de energia elétrica deve sempre ser verificada no caso concreto. Isso porque há, nos contratos administrativos (de qualquer setor regulado, incluindo a energia elétrica), uma imensa gama de possíveis conflitos envolvendo aspectos econômicos que podem ser dirimidos diretamente pelas partes (sem a necessidade de intervenção do Poder Judiciário) – e, por essa razão, passíveis de serem submetidos à arbitragem.

Como matérias passíveis de serem submetidas à arbitragem, a doutrina costumeiramente usa de exemplo aquelas relacionadas com (i) os aspectos referentes ao equilíbrio econômico-financeiro do contrato, (ii) divergência na interpretação ou execução de cláusulas contratuais e (iii) as consequências (de cunho patrimonial) da extinção do contrato, tais como as indenizações eventualmente devidas, bem como com relação aos bens revertidos.

Como se sabe, o contratado pela Administração Pública tem a garantia de ter preservada a equação econômico-financeira de sua proposta. Ou seja, constatada a alteração das condições originais da proposta, cabe ao Poder Público promover a correspondente readequação econômica do contrato. Trata-se, inclusive, de uma garantia constitucional (art. 37, inciso XXI, da CF).

A readequação do contrato poderá ocorrer mediante a recomposição (revisão) da equação econômico-financeira, ou mediante a cláusula de reajuste do preço contratual.

O *reajuste* antevê as circunstâncias normais e é fixado contratualmente. A *recomposição* (ou revisão) ocorre em razão de fatos imprevisíveis que alterem a economia do contrato – justamente por isso, independe de previsão editalícia ou contratual. Como são fatos que não podem ser previstos no momento da apresentação da proposta, não podem ser suportados pelo particular. Sua ocorrência impõe a necessidade da recomposição da equação econômico-financeira do contrato.

Essas questões referentes à identificação e à quantificação de fatos que alterem a economia do contrato são, portanto, perfeitamente passíveis de serem dirimidas pela via arbitral.

Nesse ponto, Selma LEMES faz a ressalva de que, caso a discussão se refira à revisão *das bases pactuadas*, esta atividade estaria fora da alçada do árbitro, destacando:

> caso seja referente à **revisão das bases pactuadas** consoante disposto no Poder Concedente e o concessionário, esta atividade estaria fora da alçada do árbitro, pois pleitos referentes à tarifas que importem em novação do contrato ou sua alteração por decisão da Administração, não podem ser solucionadas por árbitros e decorrem do poder de autoridade que se norteia pelo interesse público (e social) envolvido ou decorrente da negociação do contrato entre o Poder concedente e o concessionário.[137]

Além dos aspectos econômicos da equação econômico-financeira do contrato, há a possibilidade de a Administração Pública submeter à arbitragem os litígios relacionados à execução do contrato, durante e após a sua execução, tais como questões relacionadas à interpretação de cláusulas contratuais.

Outra matéria suscetível de ser submetida à arbitragem (prevista, inclusive, em grande parte dos contratos firmados pela Administração Pública) refere-se às disputas advindas da extinção do contrato, que gerem consequências econômicas. O árbitro poderia decidir, por exemplo, questões como a apuração de indenizações decorrentes da rescisão contratual, inclusive quanto aos bens revertidos.

No âmbito do setor elétrico, essa gama de matérias passíveis de serem levadas à arbitragem são ainda mais amplas. Conflitos relacionados com o preço do MWh, à construção de usinas, Pequenas Centrais Hidrelétricas – PCH, linhas de transmissão e acionamento dos mecanismos de garantia previstos nos contratos, por exemplo, são matérias técnicas (e de natureza econômica) perfeitamente arbitráveis.

Também conflitos referentes a obrigações contratuais (de natureza eminentemente econômica) assumidas em razão do compartilhamento de infraestrutura pelas empresas dos Setores de Energia Elétrica, Telecomunicações

---

[137] LEMES, Selma. Arbitragem na Administração Pública. São Paulo: Quartier Latin, 2007, p. 147.

e Petróleo (Resolução Conjunta nº 2/01) poderão ser submetidos ao juízo arbitral.

Esclarece Marçal JUSTEN FILHO:

> Mais especificamente, existem questões de cunho meramente patrimonial. Se a Administração Pública deixou de pagar uma prestação contratualmente prevista sob o fundamento da infração às especificações técnicas contratuais, essa é uma questão patrimonial, de natureza disponível. O conflito entre a Administração Pública e particular, envolvendo a interpretação de cláusulas contratuais, é uma questão disponível, precisamente porque a cláusula a ser interpretada foi criada pela vontade disponível das partes. A disputa sobre a configuração da quebra da equação econômico-financeira é uma questão disponível, já que se relaciona à controvérsia sobre os fatos verificados no mundo real e seus efeitos sobre a relação original entre direitos e obrigações assumidos pelas partes.[138]

Esses são apenas alguns exemplos daquilo que poderia ser submetido à arbitragem. De todo modo, pode-se perceber que são vastas as matérias (de cunho patrimonial) suscetíveis de serem dirimidas diretamente pelas partes contratantes e, justamente por isso, passíveis de serem submetidas à arbitragem.

---

[138] JUSTEN FILHO, Marçal. *Curso de direito administrativo*. 11. ed. São Paulo: Revista dos Tribunais, 2015, p. 825.

Capítulo 5
A ARBITRAGEM NO SETOR DE COMERCIALIZAÇÃO DE ENERGIA ELÉTRICA

Com a entrada em vigor da Lei 10.848/2004, a arbitragem foi efetivamente introduzida no setor, passando a ser, em alguns casos, compulsória entre os agentes integrantes da CCEE – sejam empresas privadas, públicas ou sociedades de economia mista (incluindo suas subsidiárias ou controladas).

5.1 A Câmara de Comercialização de Energia Elétrica – CCEE

Concebida como uma associação civil (pessoa jurídica de direito privado, sem fins lucrativos), sujeita à regulação e fiscalização da Agência Nacional de Energia Elétrica – ANEEL, a CCEE possui a finalidade precípua de viabilizar a comercialização de energia elétrica.[139] Atua quase como uma bolsa de valores, promovendo a comercialização de energia mediante leilões no Sistema

---

[139] Lei 10.848/2004: Art. 1º Fica autorizada a criação da Câmara de Comercialização de Energia Elétrica – CCEE, pessoa jurídica de direito privado, sem fins lucrativos, sob regulação e fiscalização da Agência Nacional de Energia Elétrica – ANEEL.
§ 1º A CCEE tem por finalidade viabilizar a comercialização de energia elétrica no Sistema Interligado Nacional – SIN, nos termos do art. 4º da Lei no 10.848, de 15 de março de 2004.
§ 2º O Estatuto Social da CCEE e suas alterações serão aprovados pela Assembleia Geral e homologados pela ANEEL.

Art. 2º A CCEE terá, dentre outras, as seguintes atribuições:
I – promover leilões de compra e venda de energia elétrica, desde que delegado pela ANEEL;
II – manter o registro de todos os Contratos de Comercialização de Energia no Ambiente Regulado – CCEAR e os contratos resultantes dos leilões de ajuste, da aquisição de energia proveniente de geração distribuída e respectivas alterações;
III – manter o registro dos montantes de potência e energia objeto de contratos celebrados no Ambiente de Contratação Livre – ACL;
IV – promover a medição e o registro de dados relativos às operações de compra e venda e outros dados inerentes aos serviços de energia elétrica;
V – apurar o Preço de Liquidação de Diferenças – PLD do mercado de curto prazo por submercado;
VI – efetuar a contabilização dos montantes de energia elétrica comercializados e a liquidação financeira dos valores decorrentes das operações de compra e venda de energia elétrica realizadas no mercado de curto prazo;
VII – apurar o descumprimento de limites de contratação de energia elétrica e outras infrações e, quando for o caso, por delegação da ANEEL, nos termos da convenção de comercialização, aplicar as respectivas penalidades; e
VIII – apurar os montantes e promover as ações necessárias para a realização do depósito, da custódia e da execução de garantias financeiras relativas às liquidações financeiras do mercado de curto prazo, nos termos da convenção de comercialização.
IX – efetuar a estruturação e a gestão do Contrato de Energia de Reserva, do Contrato de Uso da Energia de Reserva e da Conta de Energia de Reserva; e
X – celebrar o Contrato de Energia de Reserva – CER e o Contrato de Uso de Energia de Reserva – CONUER.
XII – efetuar a estruturação, a gestão e a liquidação financeira da Conta no Ambiente de Contratação Regulada – CONTA-ACR, realizando as atividades necessárias para sua constituição e operacionalização; e
XIII – efetuar a estruturação, a gestão e a liquidação financeira da Conta Centralizadora dos Recursos de Bandeiras Tarifárias, realizando as atividades necessárias para sua constituição e operacionalização.
§ 1º Para a realização das atribuições tratadas neste Decreto, a CCEE deverá:
I – manter o sistema de coleta de dados de energia elétrica, a partir de medições, e o registro de informações relativas às operações de compra e venda;
II – manter o sistema de contabilização e de liquidação financeira;
III – celebrar acordo operacional com o Operador Nacional do Sistema Elétrico – ONS, estabelecendo o relacionamento técnico-operacional entre as duas entidades;
IV – manter intercâmbio de dados e informações com a ANEEL e com a Empresa de Pesquisa Energética – EPE, observada a regulamentação específica quanto à guarda e ao sigilo de tais dados; e
V – manter contas-correntes específicas para depósito e gestão de recursos financeiros advindos da aplicação de penalidades e para outras finalidades específicas.
VI – manter a Conta de Energia de Reserva – CONER.
VII – criar e manter a CONTA-ACR; e
VIII – criar e manter a Conta Centralizadora dos Recursos de Bandeiras Tarifárias.

Interligado Nacional (SIN), Ambiente de Contratação Regulada (ACR), Ambiente de Contratação Livre (ACL) e Mercado de Curto Prazo (Spot).

A CCEE ainda realiza a medição de energia gerada e consumida, registra as operações e os contratos de compra e venda e efetua a chamada contabilização dos montantes de energia elétrica comercializados.[140]

Assim, a CCEE deu continuidade às atividades do extinto Mercado Atacadista de Energia (MAE), sendo integrada por titulares de concessão, permissão ou autorização, por outros agentes vinculados aos serviços e às instalações de energia elétrica, e pelos consumidores enquadrados nos arts. 15 e 16 da Lei nº 9.074/1995[141] (art. 4º, § 1º, da Lei 10.848/2004).

---

[140] Como destaca Gustavo Fernandes de Andrade, *"essa operação de contabilização destina-se, precipuamente, a permitir que a própria CCEE faça, em seguida, a liquidação financeira dos valores decorrentes das operações de compra e venda de energia elétrica registrada no sistema, para determinar os créditos e os débitos a serem atribuídos aos participantes do mercado"* (Algumas reflexões sobre as arbitragens e as regras da Câmara de Comercialização de Energia Elétrica – CCEE, Revista de Direito da Procuradoria Geral, Rio de Janeiro (67), 2013).

[141] Art. 15. Respeitados os contratos de fornecimento vigentes, a prorrogação das atuais e as novas concessões serão feitas sem exclusividade de fornecimento de energia elétrica a consumidores com carga igual ou maior que 10.000 kW, atendidos em tensão igual ou superior a 69 kV, que podem optar por contratar seu fornecimento, no todo ou em parte, com produtor independente de energia elétrica.

§ 1º Decorridos três anos da publicação desta Lei, os consumidores referidos neste artigo poderão estender sua opção de compra a qualquer concessionário, permissionário ou autorizado de energia elétrica do sistema interligado. (Redação dada pela Lei nº 9.648, de 1998)

§ 2º Decorridos cinco anos da publicação desta Lei, os consumidores com carga igual ou superior a 3.000 kW, atendidos em tensão igual ou superior a 69 kV, poderão optar pela compra de energia elétrica a qualquer concessionário, permissionário ou autorizado de energia elétrica do mesmo sistema interligado.

§ 3º Após oito anos da publicação desta Lei, o poder concedente poderá diminuir os limites de carga e tensão estabelecidos neste e no art. 16.

§ 4º Os consumidores que não tiverem cláusulas de tempo determinado em seus contratos de fornecimento só poderão exercer a opção de que trata este artigo de acordo com prazos, formas e condições fixados em regulamentação específica, sendo que nenhum prazo poderá exceder a 36 (trinta e seis) meses, contado a partir da data de manifestação formal à concessionária, à permissionária ou à autorizada de distribuição que os atenda. (Redação dada pela Lei nº 10.848, de 2004)

§ 5º O exercício da opção pelo consumidor não poderá resultar em aumento tarifário para os consumidores remanescentes da concessionária de serviços públicos de energia elétrica que haja perdido mercado. (Redação dada pela Lei nº 9.648, de 1998)

§ 6º É assegurado aos fornecedores e respectivos consumidores livre acesso aos sistemas de distribuição e transmissão de concessionário e permissionário de serviço público, mediante

Os Agentes da CCEE estão divididos em 3 (três) categorias (conforme determina a Convenção de Comercialização de Energia):[142] a dos geradores, comercializadores e distribuidores.

São classificados como geradores os concessionários de serviço público de geração, os produtores independentes de energia elétrica e os autoprodutores,

---

ressarcimento do custo de transporte envolvido, calculado com base em critérios fixados pelo poder concedente.

§ 7º O consumidor que exercer a opção prevista neste artigo e no art. 16 desta Lei deverá garantir o atendimento à totalidade de sua carga, mediante contratação, com um ou mais fornecedores, sujeito a penalidade pelo descumprimento dessa obrigação, observado o disposto no art. 3o, inciso X, da Lei no 9.427, de 26 de dezembro de 1996. (Redação dada pela Lei nº 10.848, de 2004)

§ 8º Os consumidores que exercerem a opção prevista neste artigo e no art. 16 desta Lei poderão retornar à condição de consumidor atendido mediante tarifa regulada, garantida a continuidade da prestação dos serviços, nos termos da lei e da regulamentação, desde que informem à concessionária, à permissionária ou à autorizada de distribuição local, com antecedência mínima de 5 (cinco) anos. (Incluído pela Lei nº 10.848, de 2004)

§ 9º Os prazos definidos nos §§ 4º e 8o deste artigo poderão ser reduzidos, a critério da concessionária, da permissionária ou da autorizada de distribuição local. (Incluído pela Lei nº 10.848, de 2004)

§ 10º Até 31 de dezembro de 2009, respeitados os contratos vigentes, será facultada aos consumidores que pretendam utilizar, em suas unidades industriais, energia elétrica produzida por geração própria, em regime de autoprodução ou produção independente, a redução da demanda e da energia contratadas ou a substituição dos contratos de fornecimento por contratos de uso dos sistemas elétricos, mediante notificação à concessionária de distribuição ou geração, com antecedência mínima de 180 (cento e oitenta) dias. (Incluído pela Lei nº 10.848, de 2004)

Art. 16. É de livre escolha dos novos consumidores, cuja carga seja igual ou maior que 3.000 kW, atendidos em qualquer tensão, o fornecedor com quem contratará sua compra de energia elétrica.

[142] Art. 12. Os Agentes da CCEE serão divididos nas Categorias de Geração, de Distribuição e de Comercialização, conforme disposto no art. 5o do Decreto no 5.177, de 2004, sendo: I – Categoria de Geração, subdividida em: a) classe dos agentes geradores concessionários de serviço público; b) classe dos agentes produtores independentes, e c) classe dos agentes autoprodutores; 8 II – Categoria de Distribuição, composta pela classe dos Agentes de Distribuição; e III – Categoria de Comercialização, subdividida em: a) classe dos Agentes Importadores e Exportadores; b) classe dos Agentes Comercializadores; "c) classe dos agentes consumidores livres; e d) classe dos agentes consumidores especiais." Parágrafo único. Cada Agente da CCEE só poderá pertencer a uma Categoria, cabendo a ele optar, caso se enquadre em mais de uma, respeitado o disposto no art. 5o do Decreto no 5.177, de 2004. Art. 13. Os agentes que não se enquadrem nas definições desta Convenção poderão integrar a CCEE, desde que aprovados pelo Conselho de Administração da entidade.

sendo que estes agentes podem vender energia tanto no Ambiente de Contratação Regulada (ACR) como no Ambiente de Contratação Livre (ACL).

Fazem parte da categoria dos comercializadores os importadores, exportadores e comercializadores de energia elétrica, além dos consumidores livres e dos consumidores especiais. Os consumidores livres são aqueles que, atendendo aos requisitos da legislação vigente, podem escolher o fornecedor da energia elétrica (gerador e/ou comercializador) mediante livre negociação. Já os consumidores especiais são aqueles que, possuindo uma demanda de energia entre 500kW e 3MW, podem escolher adquirir a energia de qualquer fornecedor – desde que a energia seja oriunda de fontes incentivadas (eólica, pequenas centrais hidrelétricas – PCHs, biomassa e solar).[143]

Nesse mercado, as empresas comercializadoras compram energia por meio de contratos bilaterais no ambiente livre, podendo revendê-la aos consumidores livres ou a outros comercializadores. Além disso, podem revender aos distribuidores, desde que em leilões do ambiente regulado.

Por fim, os distribuidores são as empresas concessionárias distribuidoras de energia elétrica que realizam o atendimento da demanda de energia aos consumidores com tarifas e condições de fornecimento reguladas pela ANEEL. No atual modelo regulatório, todos os distribuidores têm participação obrigatória no Ambiente de Contratação Regulada (ACR), celebrando contratos de energia com preços resultantes de leilões.[144] Apenas as empresas transmissoras de energia elétrica, por não estarem autorizadas a comercializar energia, estão impedidas de atuar como Agentes da CCEE.

Levando em conta dados fornecidos pela própria CCEE,[145] há atualmente quase 3 (três) mil Agentes associados firmando diversos contratos envolvendo as mais variadas e complexas relações jurídicas relacionadas à comercialização de energia.

---

[143] Disponível em: http://www.ccee.org.br/portal/faces/pages_publico/quem-participa/como_se_dividem?_afrLoop=202096783810165#Comercializa%C3%A7%C3%A3o. Acesso em 08 out. 2015.

[144] Disponível em: http://www.ccee.org.br/portal/faces/pages_publico/como-participar/participe/conheca_modalidades?_afrLoop=330472814620937#%40%3F_afrLoop%3D330472814620937%26_adf.ctrl-state%3Dy5qkzun52_177. Acesso em: 21 mar. 2015

[145] Disponível em: http://www.ccee.org.br/portal/faces/pages_publico/quem-participa?_adf.ctrl-state=trok2em67_4&_afrLoop=404622371260135. Acesso em: 25 mar. 2015.

Por tal razão, fazia-se necessário instituir um mecanismo de solução de controvérsias eficiente, célere e especializado, essencial para conferir segurança e homogeneidade de tratamento às relações jurídicas reguladas no âmbito da CCEE. Ciente das peculiaridades do setor elétrico, o legislador optou pela arbitragem como sistema de composição dos conflitos existentes entre os integrantes da CCEE e a própria CCEE.[146]

5.2 As previsões legal, normativa e estatutária para a utilização da arbitragem no âmbito da comercialização de energia elétrica

5.2.1 Previsão legal (Lei 10.848/2004)

A Lei 10.848/2004, que autorizou a criação da Câmara de Comercialização de Energia Elétrica – CCEE, consignou que as regras para a resolução das eventuais divergências entre os agentes integrantes da CCEE *deverão* tratar do mecanismo e da convenção de arbitragem, nos termos da Lei nº 9.307/1996 (Art. 4º, § 5º).

Além disso, admitiu que as empresas públicas e as sociedades de economia mista, suas subsidiárias ou controladas, titulares de concessão, permissão e autorização, ficassem autorizadas a integrar a CCEE e a aderir à convenção arbitral (art. 4º, § 6º, da Lei 10.848/2004).

Essa previsão legal mostrou-se importante porque, no Brasil, no mercado de geração de energia elétrica (que também representa uma das categorias de Agentes da CCEE), predomina a presença do Estado. Atualmente, 8 (oito), das 10 (dez) empresas com maior capacidade de geração de energia elétrica instalada são estatais.[147]

---

[146] ANDRADE, Gustavo Fernades de. Algumas reflexões sobre as arbitragens e as regras da Câmara de Comercialização de Energia Elétrica – CCEE, Revista de Direito da Procuradoria Geral, Rio de Janeiro (67), 2013, p. 81.

[147] Dentre as empresas estatais, as maiores são a Hidro Elétrica do São Francisco – CHESF, Furnas Centrais Elétricas S/A – FURNAS, Centrais Elétricas do Norte do Brasil S/A – ELETRONORTE, Itaipu Binacional – ITAIPU, Petróleo Brasileiro S/A – PETROBRAS, Companhia Energética de São Paulo – CESP, CEMIG Geração e Transmissão S/A – CEMIG, Copel Geração e Transmissão S.A. – COPEL. As duas empresas privadas são a Tractebel Energia

Levando em conta essa forte presença do Estado em diversas atividades exercidas no setor de energia, a aludida previsão legal (em conjunto com o posicionamento doutrinário e jurisprudencial acerca do tema) contribui para viabilizar que as empresas estatais participem de arbitragens. Essa discussão, como dissemos anteriormente, perdeu parte da sua relevância, tendo em vista a entrada em vigor da Lei 13.129/2015 – que passou a admitir, de forma expressa, a utilização da arbitragem pela Administração Pública de forma ampla e geral.

5.2.2 Previsões normativa e estatutária (Decreto nº 5.177/2004, Resolução Normativa nº 109/2004 e Estatuto Social da CCEE)

A dificuldade de analisar o setor de energia elétrica decorre da grande quantidade de atos normativos para tratar de assuntos correlatos; e, com a arbitragem no âmbito da comercialização de energia elétrica não é diferente.

Em 30 de julho de 2004 entrou em vigor o Decreto nº 5.163 que, dentre outras providências, regulamentou a comercialização e o processo de outorga de concessões e de autorizações de geração de energia elétrica. Esse Decreto atribuiu à ANEEL a expedição dos atos necessários para viabilizar a comercialização de energia elétrica, dentre eles a expedição da *convenção de comercialização*.[148]

Menos de 1 (um) mês depois, em 12 de agosto de 2004, entrou em vigor o Decreto nº 5.177/2004, que, além de regulamentar os arts. 4º e 5º da Lei 10.848/2004, estipulou que a futura *convenção de comercialização* (prevista

---

S/A – TRACTEBEL e a AES Tietê S/A (Site da ANEEL. Disponível em: http://www.aneel. gov.br/aplicacoes/AgenteGeracao/GraficoDezMaioresPotencia.asp. Acesso em: 25 jun. 2015).

[148] Art. 1º A comercialização de energia elétrica entre concessionários, permissionários e autorizados de serviços e instalações de energia elétrica, bem como destes com seus consumidores no Sistema Interligado Nacional – SIN, dar-se-á nos Ambientes de Contratação Regulada ou Livre, nos termos da legislação, deste Decreto e de atos complementares.
§ 1º A Agência Nacional de Energia Elétrica – ANEEL expedirá, para os fins do disposto no **caput**, em especial, os seguintes atos:
I – a convenção de comercialização;
II – as regras de comercialização; e
III – os procedimentos de comercialização.

no Decreto anterior – nº 5.163/2004) deveria tratar também da *convenção arbitral*.[149]

Com o objetivo de instituir a *convenção de comercialização* acima apontada, entrou em vigor a Resolução Normativa nº 109, de 26 de outubro de 2004. Por meio dela ficou consignado que os Agentes da CCEE e a CCEE *deverão* dirimir todos os conflitos pertinentes a direitos disponíveis mediante a utilização da arbitragem, nos termos da Lei nº 9.307/1996 (art. 58).

Na sequência, foi aprovado o Estatuto Social da CCEE, estipulando como deveres dos Agentes a adesão à Convenção Arbitral (artigo 8º, inciso VI). Além disso, garantiu aos seus associados o direito de submeter eventuais conflitos ao Conselho de Administração da CCEE, à ANEEL ou à arbitragem, nos termos da Convenção de Comercialização (art. 9º, inciso V, do Estatuto).

Com isso ficou estabelecido que os eventuais conflitos fundados nas relações estabelecidas ao amparo do Estatuto Social da CCEE, ou decorrentes da comercialização de energia elétrica no âmbito da CCEE, serão dirimidos pela via da arbitragem, *no âmbito da Câmara de Arbitragem definida pela Assembleia Geral dos Agentes*, sem prejuízo da atuação da ANEEL ou do Conselho de Administração da CCEE, conforme normas regulatórias aprovadas pela ANEEL (art. 38 do Estatuto Social).

Após aprovação, pelos agentes da CCEE, do texto da convenção de arbitragem na 32ª Assembleia Geral Extraordinária da CCEE, de 26 de janeiro de 2005, a Convenção foi encaminhada para homologação da ANEEL; e, em 05 de março de 2005 emitiu-se a Nota Técnica nº 020/2005-SEM/ANEEL, solicitando o encaminhamento à Diretoria da ANEEL para que a Convenção Arbitral fosse homologada.

Somente em 07 de agosto de 2007 foi aprovada, na 29ª Reunião Pública Ordinária da Diretoria da ANEEL, a Resolução da ANEEL nº 531 (publicada no DOU de 15 de agosto de 2007), que homologou a aludida Convenção Arbitral.[150]

---

[149] Art. 3º A convenção de comercialização referida no § 1º do art. 1o do Decreto no 5.163, de 30 de julho de 2004, deverá tratar das seguintes disposições, dentre outras: IV – convenção arbitral;

[150] Art.1º da Resolução Homologatória nº 531, de 7 de agosto de 2007: "*Homologar, na forma do Anexo desta Resolução, a Convenção Arbitral, nos termos do art. 58 da Convenção de Comercialização de Energia Elétrica, instituída pela Resolução Normativa nº 109, de 26 de outubro de 2004*".

A partir daí, a observância da Convenção Arbitral pela CCEE e pelos seus Agentes passou a ser obrigatória.

Basta verificar que, na mesma data, foi publicada a Resolução Normativa ANEEL nº 274, estipulando aplicação de multa aos agentes que descumprirem obrigações estabelecidas na Convenção de Comercialização, o que inclui a adesão de todos os Agentes à Convenção Arbitral.[151]

5.3 A Câmara de Arbitragem da FGV para dirimir conflitos relacionados à comercialização de energia elétrica

Após a aprovação do texto da convenção de arbitragem na 32ª Assembleia Geral Extraordinária da CCEE, foi eleita, na mesma Assembleia, a Câmara FGV de Mediação e Arbitragem para conduzir todo e qualquer litígio arbitral instaurado entre os agentes integrantes da CCEE.

A escolha de uma Câmara Arbitral única para dirimir conflitos relacionados à comercialização pode ser vista como um ponto positivo, pois essa concentração poderá contribuir para formar um centro de excelência, acostumado com as especificidades do setor e capaz de agrupar, em uma única Câmara, árbitros efetivamente capacitados e especializados.

Cabe esclarecer que, no âmbito da Câmara da FGV, é possível a indicação de árbitros que não integrem o seu corpo permanente de conciliadores e árbitros. A indicação desses árbitros (ou conciliadores) "estranhos ao corpo permanente" terá de ser aprovada pela Comissão de Arbitragem – instituída nos termos do art. 9º do Regulamento da Câmara FGV de Mediação e Arbitragem.[152]

---

[151] Esse aspecto será tratado adiante, no item 5.8.1, onde enfrentaremos as consequências do descumprimento da convenção de comercialização.

[152] Art. 9º – 6 (seis) membros do Corpo Permanente de Conciliadores e Árbitros são designados pelo presidente da Câmara FGV para compor, 3 (três) como titulares e 3 (três) como suplentes, a Comissão de Arbitragem.
Parágrafo 1° – A Comissão de Arbitragem é o órgão de ligação entre a administração da Câmara FGV e o Corpo Permanente de Conciliadores e Árbitros, competindo-lhe:
a) aprovar, em casos específicos, a indicação, como conciliadores ou árbitros, de pessoas que não integrem o Corpo Permanente de Conciliadores e Árbitros;

A possibilidade de se indicar árbitros estranhos ao seu quadro permanente serve para conferir maior liberdade às partes na indicação de profissionais que sejam realmente capacitados para solucionar o litígio. Isso é relevante, pois poderá haver profissionais que não façam (ou não queiram fazer) parte dos quadros de determinada Câmara Arbitral (no caso, da FGV).

Além disso, a possibilidade de se indicar outros profissionais pode ser importante no caso de os árbitros permanentes estarem, por questões profissionais, impedidos de atuar em determinada arbitragem.

Muitos dos árbitros das principais Câmaras são advogados de importantes bancas de advocacia e, por essa razão, costumam ter relações profissionais com empresas do setor. Justamente por isso, nem sempre é tarefa fácil a indicação de árbitros que não estejam impedidos (do ponto de vista processual) para atuar em determinada arbitragem. A possibilidade de indicar árbitros não vinculados à Câmara da FGV visa, portanto, minimizar esse problema costumeiramente enfrentado no âmbito da arbitragem.

Além disso, a doutrina vem reconhecendo que, *"em razão da especialidade da matéria, o conhecimento adquirido pelos árbitros integrantes da Câmara da FGV pode formar precedentes relevantes acerca do mercado, o que pode, inclusive, tornar mais ágeis e eficientes os desenvolvimentos dos procedimentos"*.[153]

Com efeito, a existência de uma Câmara Arbitral especializada e acostumada com as teses jurídicas e dificuldades enfrentadas pelas empresas do setor certamente contribuirá para tornar os litígios mais ágeis – mantendo a celeridade como um benefício da arbitragem.[154]

Da mesma forma, Gustavo Fernandes de Andrade reconhece que *"A eleição de uma única câmara arbitral pretendeu viabilizar a reunião de um corpo de árbitros especializados nas regras do mercado de energia elétrica, uma vez que, por ser uma área*

---

[153] DAVID, Solange. A Arbitragem e a Comercialização de Energia Elétrica no Brasil, in: ROCHA, Fábio Amorin da (org.). Temas Relevantes no Direito de Energia Elétrica, Rio de Janeiro: Synergia Editora, 2012, p. 63.

[154] A arbitragem, se comparada com os litígios judiciais, ainda é muito mais célere. Contudo, não podemos ignorar o fato de que a os litígios arbitrais (talvez por uma "vocação litigiosa" das partes) estão se prolongando cada vez mais. Justamente por isso, parece-nos que a existência de um órgão especializado e acostumado com as discussões do setor terá maior facilidade para identificar condutas abusivas das partes – o que dará maior segurança para indeferir medidas procrastinatórias que tencionem também eternizar os processos arbitrais.

de extrema complexidade, o poder judiciário dificilmente poderia oferecer uma tutela jurisdicional adequada para os agentes desse mercado."[155]

A comunidade arbitral (e o próprio setor de energia) não parece levantar críticas a respeito da utilização de uma Câmara exclusiva. Até porque a aprovação da Câmara da FGV se deu em Assembleia Geral, com a participação dos próprios agentes da CCEE. Portanto, a escolha da aludida Câmara não representou uma imposição externa que pudesse infringir um dos pressupostos básicos da arbitragem, que é a autonomia da vontade. Ao contrário: a opção por uma Câmara Arbitral exclusiva levou em conta justamente essa autonomia.

Além disso, nos termos do Decreto nº 5.177/2004,[156] o Estatuto Social da CCEE *e suas alterações* serão aprovados pela Assembleia Geral e homologados pela ANEEL. Ou seja, assim como a Câmara da FGV foi escolhida em Assembleia Geral, a sua alteração também se dará pela mesma via.

Portanto, nada impede que, por ato de vontade dos Agentes da CCEE, a exclusividade da FGV seja relativizada (de modo a se admitir a utilização de outra(s) Câmara(s) Arbitral(is)), ou até mesmo que seja promovida a sua substituição.

5.4 A disponibilidade dos direitos relacionados à compra e venda de energia elétrica

Além de admitir que as empresas públicas e as sociedades de economia mista, suas subsidiárias ou controladas, titulares de concessão, permissão e autorização, ficassem autorizadas a aderir ao mecanismo e à convenção de arbitragem (art. 4º, § 6º), a Lei 10.848/2004 também cuidou de tratar do aspecto da *disponibilidade* dos direitos envolvidos na comercialização de energia.

---

[155] ANDRADE, Gustavo Fernades de. Algumas reflexões sobre as arbitragens e as regras da Câmara de Comercialização de Energia Elétrica – CCEE, Revista de Direito da Procuradoria Geral, Rio de Janeiro (67), 2013.
[156] Art. 1º Fica autorizada a criação da Câmara de Comercialização de Energia Elétrica – CCEE, pessoa jurídica de direito privado, sem fins lucrativos, sob regulação e fiscalização da Agência Nacional de Energia Elétrica – ANEEL.
§ 2º O Estatuto Social da CCEE e suas alterações serão aprovados pela Assembleia Geral e homologados pela ANEEL.

Nos termos do aludido diploma legal, consideram-se disponíveis os direitos relativos a *créditos e débitos* decorrentes das operações realizadas no âmbito da CCEE (art. 4º, § 7º).

O Superior Tribunal de Justiça, em discussão versando a respeito de contrato firmado para aquisição de energia elétrica, reconheceu o caráter comercial desse objeto. Constou do inteiro teor do acórdão que, em se tratando de *"venda de energia elétrica –, inexiste óbice a que seja pactuada a respectiva cláusula compromissória na hipótese de descumprimento da avença"*. Isso porque em

> se tratando a energia elétrica de *commodity* de tamanha importância para o País, sobretudo a partir da desregulamentação do setor promovida a partir dos anos 90, cumpre assegurar às empresas que se dedicam à sua comercialização e o seu fornecimento, sejam elas privadas ou estatais, mecanismos ágeis, seguros e eficientes na gestão desses negócios, que possam, efetivamente, contribuir para o aprimoramento desses serviços, com reflexos positivos para o consumidor. Nesse contexto, não resta dúvida de que, sob o ponto de vista jurídico, a cláusula compromissória constitui um desses mecanismos. (REsp 612439/RS, Min. JOÃO OTÁVIO DE NORONHA, 2ª T, j. 25/10/2005, DJ 14/09/2006 p. 299).

Da mesma forma, o Tribunal de Justiça do Estado do Paraná, em sede de agravo de instrumento contra decisão proferida em ação popular que havia deferido pedido para suspensão do processo arbitral, reconheceu a disponibilidade da relação contratual envolvendo a compra e a venda de energia elétrica.

> Necessária a suspensão do processo de arbitragem toda vez que surgir, no seu âmbito, questão prejudicial sobre direitos disponíveis, ou seja, quando a matéria não pode ser objeto de convenção de arbitragem. *Comercialização, de energia elétrica, e as obrigações daí decorrente, é direito disponível, conceito que se extrai do art. 4º, §§ 5º e 7º, da Lei 10,848/04.* (AI nº 174.874-9, Rel. Juiz Convocado Fernando César Zeni, j. 18.10.2005).

Com isso, focou-se no caráter patrimonial da operação, evitando discussões desnecessárias que poderiam dificultar a utilização do instituto arbitral.

Até porque a patrimonialidade (passível de valoração pecuniária e que, por consequência, possui interesse econômico) é um dos requisitos objetivos para utilização da arbitragem. Tanto em direito privado quanto em direito público a patrimonialidade possui a mesma acepção.

Como ressalta Eugênia Cristina Cleto Marolla, não existe dissenso acerca da utilização da patrimonialidade como requisito objetivo da arbitragem. Há, inclusive, quem defenda que este deveria ser o único critério de arbitrabilidade objetiva a ser considerado,[157] tal como ocorre no direito alemão, em que o artigo 1.030 do Zivilprozessordnung dispõe que "qualquer direito de caráter patrimonial pode ser objeto de convenção de arbitragem".[158-159]

5.5 As hipóteses de incidência da Convenção Arbitral celebrada entre a CCEE e seus Agentes

Tanto a Convenção de Comercialização quanto a Convenção Arbitral (que é parte integrante daquela) definiram os conflitos que deverão ser submetidos à arbitragem. Estabeleceram como arbitráveis todos os litígios *fundados nas relações estabelecidas ao amparo do Estatuto Social da CCEE e da Convenção de Comercialização* (Cláusula 1ª da Convenção Arbitral), nas seguintes situações:

> I – Conflito entre dois ou mais Agentes da CCEE que não envolva assuntos sob a competência direta da ANEEL ou, na hipótese de tratar, já tenha esgotado todas as instâncias administrativas acerca do objeto da questão em tela;

---

[157] Nesse sentido, RICCI, Edoardo F. Desnecessária Conexão entre disponibilidade do objeto da lide e admissibilidade de arbitragem: reflexões evolutivas. In: LEMES, Selma Ferreira; CARMONA, Carlos Alberto; MARTINS, Pedro Batista (coords.). Arbitragem: estudos em homenagem ao Prof. Guido Fernando Silva Soares. São Paulo: Atlas, p. 403-412, 2007.

[158] No original: "§ 1030 Schiedsfähigkeit (1) Jeder vermögensrechtliche Anspruch kann Gegenstand einer Schiedsvereinbarung sein. Eine Schiedsvereinbarung über nichtvermögensrechtliche Ansprüche hat insoweit rechtliche Wirkung, als die Parteien berechtigt sind, über den Gegenstand des Streites einen Vergleich zu schließen. [...]". (Disponível em: <http://www.gesetze-im-internet.de/bundesrecht/zpo/gesamt.pdf>. Acesso em: 13. nov. 2014).

[159] MAROLLA, Eugênia Cristina Cleto. Arbitragem e os contratos da Administração Pública. 2015, 202 folhas. Tese (Doutorado em Direito), Faculdade de Direito – Pontifícia Universidade Católica de São Paulo, São Paulo. 2015, p. 67.

II – Conflito entre um ou mais Agentes da CCEE e a CCEE que não envolva assuntos sob a competência direta da ANEEL ou, na hipótese de tratar, já tenha esgotado todas as instâncias administrativas acerca do objeto da questão em tela; e

III – sem prejuízo do que dispõe cláusula específica nos CCEARs, conflito entre Agentes da CCEE decorrente de Contratos Bilaterais, desde que o fato gerador da divergência decorra dos respectivos contratos ou de Regras e Procedimentos de Comercialização e repercuta sobre as obrigações dos agentes contratantes no âmbito da CCEE.
(parágrafo 1º da Cláusula 1ª da Convenção Arbitral)

Assim, os litígios entre agentes da CCEE (ou entre esses e a própria CCEE), decorrentes das relações jurídicas instituídas em razão da aplicação (a) das normas do Estatuto da CCEE ou (b) da Convenção de Comercialização, deverão ser submetidos à arbitragem e seguir as regras da Convenção Arbitral CCEE e do Regulamento da Câmara FGV de Mediação e Arbitragem.

Contudo, os assuntos de competência direta da ANEEL apenas poderão ser solucionados nos termos da aludida Convenção Arbitral caso já tenham se esgotado todas as instâncias administrativas, no âmbito da própria ANEEL, acerca do objeto da discussão.

Tanto o artigo 3º da Lei nº 9.427/96, que instituiu a ANEEL, quanto o artigo 4º do Decreto nº 2.335/97, que aprovou a sua estrutura regimental, preveem diversas competências exclusivas da ANEEL, dentre elas a de *"dirimir, no âmbito administrativo, as divergências entre concessionárias, permissionárias, autorizadas, produtores independentes e autoprodutores, bem como entre esses agentes e seus consumidores"*.

Além disso, eventuais conflitos entre os Agentes da CCEE e a ANEEL não ficarão submetidos às regras impostas pela Convenção Arbitral ("Parágrafo 2º. Esta CONVENÇÃO não se aplica aos eventuais conflitos entre os SIGNATÁRIOS e a ANEEL").[160] Isso não significa que eventuais litígios envolvendo a ANEEL não possam ser submetidos à arbitragem, mas apenas que a ANEEL não é parte dessa Convenção Arbitral e, portanto, não está vinculada a ela.

---

[160] Art. 1º, parágrafo 2º, da Convenção Arbitral celebrada entre os Agentes e a CCEE.

A Convenção Arbitral, sendo um acordo de vontades, vincula apenas *as partes*[161] quanto aos litígios atuais e futuros, *"obrigando-as reciprocamente à submissão do juízo arbitral; como pacto processual, seus objetivos são os de derrogar a jurisdição estatal, submetendo as partes à jurisdição dos árbitros"*.[162]

Além dos litígios de competência da ANEEL, a Convenção Arbitral impõe uma segunda restrição para a sua incidência, relacionada à natureza das controvérsias. O inciso III do parágrafo 1º da Cláusula 1ª estabelece que os conflitos entre Agentes da CCEE, decorrentes de Contratos Bilaterais, ficarão sujeitos à Convenção Arbitral *apenas* se o fato gerador da divergência decorrer dos respectivos contratos ou de regras e procedimentos de comercialização (*e repercutir sobre as obrigações dos agentes contratantes no âmbito da CCEE*). *In verbis*:

> III – sem prejuízo do que dispõe cláusula específica nos CCEARs, conflito entre Agentes da CCEE decorrente de Contratos Bilaterais, desde que o fato gerador da divergência decorra dos respectivos contratos ou de Regras e Procedimentos de Comercialização e repercuta sobre as obrigações dos agentes contratantes no âmbito da CCEE.

Na sequência, reforçando a exceção contida no inciso III acima transcrito, o parágrafo 3º da Cláusula 1ª da Convenção Arbitral estabelece que:

> Paragrafo 3º. Observado o inciso III do paragrafo 1º deste artigo, esta CONVENÇÃO:
> I. é aplicável aos contratos que tenham origem no Ambiente de Contratação Regulada da CCEE;[163] e

---

[161] No caso da comercialização, a Convenção Arbitral foi celebrada apenas entre os Agentes e a CCEE.

[162] CARMONA, Carlos Alberto. *Arbitragem e Processo, Comentário à Lei 9307/96*, 3ª edição, São Paulo: Ed. Atlas, 2009, p. 79.

[163] Os contratos firmados no Ambiente de Contratação Regulada (ACR) são contratos bilaterais de comercialização de energia elétrica de compra e venda de energia elétrica e respectiva potência associada especificados por meio dos editais publicados para cada leilão (realizado pela CCEE por delegação da ANEEL), contendo cláusulas e condições fixas, que não são passíveis de alteração pelos agentes.

II. não é aplicável aos eventuais CONFLITOS oriundos de Contratos Bilaterais que envolvam unicamente os SIGNATARIOS de referidos contratos.[164]

Dessa forma, estipulou-se a obrigatoriedade da arbitragem nos conflitos advindos de contratos bilaterais quando estes tiverem relação direta com a CCEE e os Agentes; todavia, afastou-se a incidência obrigatória da arbitragem nos casos em que a controvérsia envolver unicamente aos signatários dos contratos bilaterais.[165]

Com efeito, referidas redações da Convenção Arbitral geram dúvidas e, inevitavelmente, conflitos de interpretação acerca dos limites da jurisdição dos tribunais arbitrais constituídos segundo as regras da Convenção Arbitral CCEE.

De um lado, temos a redação do inciso I do parágrafo 1º estabelecendo a aplicação da Convenção Arbitral nos conflitos *"entre dois ou mais Agentes da CCEE"*; de outro, temos a redação do parágrafo 3º, inciso II, estipulando que a Convenção *"não é aplicável aos eventuais CONFLITOS oriundos de Contratos Bilaterais que envolvam unicamente os SIGNATARIOS de referidos contratos"*.

A discussão surge porque a maioria dos litígios instalados perante a Câmara da FGV diz respeito, precisamente, a conflitos apenas entre signatários de um contrato de compra e venda de energia e, logicamente, essa disputa se insere na jurisdição dos tribunais arbitrais, *se os demais requisitos de jurisdição estiverem presentes*.[166]

Numa tentativa de esclarecer tais regras, Gustavo Fernandes de Andrade destaca que

---

[164] Os contratos bilaterais, firmados no ambiente de contratação livre – ACL, formalizam a compra e venda de energia elétrica entre agentes da CCEE, estabelecendo preços, prazos e montantes de suprimento em intervalos temporais determinados. Os termos desses contratos são negociados livremente entre os agentes de mercado, sem a interferência da CCEE.

[165] DAVID, Solange. A Arbitragem no âmbito da Câmara de Comercialização de Energia Elétrica (CCEE), *Revista de Arbitragem e Mediação*, São Paulo, vol. 16, p. 33, jan., 2008, DTR\2008\854, p. 3.

[166] ANDRADE, Gustavo Fernandes de. *Algumas reflexões sobre as arbitragens e as regras da Câmara de Comercialização de Energia Elétrica – CCEE*, Revista de Direito da Procuradoria Geral, Rio de Janeiro (67), 2013, p. 95.

o que se pretendeu instituir foi a possibilidade de escolha de outro modo de solução de controvérsias (judicial ou mesmo arbitragem por outras regras) quando a disputa não produzir qualquer efeito na implementação das regras de comercialização da CCEE e, portanto, não precisar ser levada em consideração pelo órgão para fins de contabilização e de liquidação de diferenças.[167]

Analisando os limites da jurisdição dos tribunais arbitrais constituídos segundo as regras da Convenção Arbitral CCEE, Solange David[168] destaca o seguinte:

> Quando da discussão da redação do inciso II do §3º, a intenção foi estabelecer que não existiria a obrigatoriedade de utilização da arbitragem para a solução de conflitos quando estes não tivessem repercussão no âmbito da CCEE, como no caso de divergências quanto à emissão de documentos de cobrança, valores de compra e venda de energia, faturamentos mensais e outros.

Dessa forma, constata-se que os limites da incidência da Convenção Arbitral para os Agentes da CCEE está justamente em se verificar se o objeto do litígio funda-se ou não *nas relações estabelecidas ao amparo do Estatuto Social da CCEE e da Convenção de Comercialização*. Em outras palavras, quando a disputa envolver unicamente os signatários do contrato e não produzir qualquer efeito na implementação das regras de comercialização da CCEE e, portanto, não precisar ser levada em consideração pela CCEE para fins de contabilização e de liquidação de diferenças, a Convenção Arbitral não será aplicável (Cláusula 1ª, §3º, inciso II, da Convenção Arbitral).

Isso não impede que os Agentes que se depararem diante de um litígio (cujo objeto esteja fora das hipóteses abarcadas pela Convenção) optem pela

---

[167] ANDRADE, Gustavo Fernandes de. Algumas reflexões sobre as arbitragens e as regras da Câmara de Comercialização de Energia Elétrica – CCEE, Revista de Direito da Procuradoria Geral, Rio de Janeiro (67), 2013, p. 95.
[168] DAVID, Solange. A Arbitragem no âmbito da Câmara de Comercialização de Energia Elétrica (CCEE), *Revista de Arbitragem e Mediação*, vol. 16, p. 33, jan., 2008, DTR\2008\854, p. 3.

aplicação das regras previstas na aludida Convenção, ou pela utilização da arbitragem mediante outras regras, ou até mesmo pela via judicial.

5.6 A utilização compulsória da arbitragem pelos Agentes da CCEE

Um dos pontos de destaque no âmbito da comercialização de energia elétrica refere-se à utilização *compulsória* da arbitragem para os conflitos que envolvam direitos disponíveis entre os Agentes da CCEE e a CCEE (abarcados pela Convenção Arbitral).

Nos termos do art. 58 da Resolução Normativa nº 109, de 26 de outubro de 2004, "os Agentes da CCEE e a CCEE *deverão* dirimir, por intermédio da Câmara de Arbitragem, *todos os conflitos que envolvam direitos disponíveis*".

Além disso, estabelece que a Convenção Arbitral é parte integrante da Convenção de Comercialização, bem como *obrigatória* a todos os agentes da CCEE e à CCEE (parágrafo único do art. 58). A Convenção Arbitral ainda vincula, além dos atuais Agentes da CCEE, aqueles que posteriormente vierem a aderir à Convenção, a CCEE e seus sucessores a qualquer título (Cláusula 1ª, §§ 4º e 5º).[169]

Da mesma forma, o Estatuto Social da CCEE dispõe que os conflitos fundados nas relações estabelecidas ao amparo do Estatuto ou decorrentes da comercialização de energia elétrica no âmbito da CCEE *serão* dirimidos pela via da arbitragem (art. 38 do Estatuto).[170]

---

[169] Paragrafo 4º. Pela presente CONVENÇÃO obrigam-se os SIGNATÁRIOS, aqueles que posteriormente vierem a aderir à presente CONVENÇÃO, a CCEE e seus sucessores a qualquer título. Paragrafo 5º. A adesão de novos SIGNATÁRIOS à esta CONVENÇÃO será feita mediante documento específico em apartado.

[170] Artigo 38. Eventuais conflitos fundados nas relações estabelecidas ao amparo do presente Estatuto Social ou decorrentes da comercialização de energia elétrica no âmbito da CCEE serão dirimidos pela via da arbitragem, no âmbito da Câmara de Arbitragem definida pela Assembleia Geral dos Agentes, sem prejuízo da atuação da ANEEL ou do Conselho de Administração da CCEE, conforme disposto nas normas regulatórias aprovadas pela ANEEL.
(...)
§ 2º. A adesão à CCEE implicará a aceitação incondicional dos termos da Convenção Arbitral e de seu respectivo Regulamento, ficando o Associado obrigado a subscrevê-la, inclusive por termo de adesão, para os fins previstos neste Estatuto e nas normas regulatórias aprovadas pela ANEEL.

As aludidas disposições não conferem discricionariedade para a utilização da arbitragem pelos agentes da CCEE, quando os litígios estiverem fundados nas relações estabelecidas ao amparo do Estatuto Social da CCEE e da Convenção de Comercialização.

Em razão dessa obrigatoriedade, não seria estranho cogitar a existência de ofensa não apenas à autonomia da vontade (de a parte ter a liberdade de optar pela arbitragem), mas ao próprio princípio constitucional da inafastabilidade do acesso ao Judiciário (CF, art. 5º, inc. XXXV).

Contudo, a arbitragem instituída no âmbito da comercialização de energia elétrica (tida como *compulsória*) não fere o princípio da autonomia da vontade, e muito menos o da inafastabilidade da jurisdição, ao ponto de haver autores que até mesmo desconsideram o caráter compulsório da arbitragem na comercialização.[171]

Nesse ponto, a ANEEL e a CCEE foram bastante cautelosas e habilidosas para contornar esse problema.

Para que pudesse homologar a Convenção Arbitral firmada no âmbito da CCEE, a ANEEL analisou esse aspecto e afastou qualquer impedimento para a obrigatoriedade da arbitragem. Nos termos do Parecer nº 201/2007-PF/ANEEL de 2007, a ANEEL concluiu

> pela possibilidade de se incluir cláusula compromissória de caráter vinculante na Convenção de Mercado da Câmara de Comercialização

---

Artigo 39. Exclusivamente para efeito de obtenção de medidas acautelatórias em relação a conflitos sujeitos à arbitragem ou para execução de sentença proferida em processo de arbitragem em que a CCEE for parte, nos termos previstos neste Estatuto, os associados da CCEE deverão promover eventuais ações no foro da Capital do Estado de São Paulo, com exclusão expressa de qualquer outro, por mais privilegiado que seja.

[171] José Emíio Nunes Pinto destaca que *"o novo agente que quiser aderir à CCEE deverá subscrever a convenção arbitral e estar sujeito à arbitragem para a solução de seus conflitos futuros. E nem por isso, estaremos diante de arbitragem compulsória"*. Isso porque, segundo o referido autor, o agente subscreve a convenção arbitral como elemento integrante dos direitos e obrigações de associado, já que a associação é um contrato aberto. E conclui: *"Por conseguinte, não se poderá ver na subscrição da convenção arbitral, qualquer expressão ou traço de uma arbitragem mandatória ou obrigatória. Se a convenção do MAE passa a ser, de imediato e sem solução de continuidade ou qualquer alteração, a Convenção da CCEE, o caráter de sucessão se estende para abrigar novos membros, sem que isso exija alterações ou negociação de um novo texto, nem dê à subscrição um caráter de obrigatoriedade"* (A Arbitragem na Comercialização de Energia Elétrica. Revista de Arbitragem e Mediação, São Paulo, vol. 9, p. 173, Abr/2005, p.11).

de Energia Elétrica, adotando, por consequência, a arbitragem como método de solução de litígios sobre direitos patrimoniais e disponíveis dos agentes do setor elétrico vinculados à CCEE.

Essa conclusão decorre do fato de que a Convenção Arbitral foi aprovada, por unanimidade de votos, em Assembleia Geral por todos os Agentes da CCEE – o que afasta qualquer discussão a respeito da eventual ofensa ao princípio da autonomia privada.

Tal discussão parece ter certa similaridade com aquelas encontradas no direito societário, onde se discute a possibilidade de vinculação dos acionistas às cláusulas arbitrais presentes nos estatutos das companhias.

Carlo Alberto Carmona reconhece que os *"acionistas que firmarem qualquer ato societário posterior à constituição da companhia, onde reste expressa a renúncia à competência do juiz togado, estarão igualmente vinculados à Arbitragem"*,[172] porque o estatuto social é único para todos os sócios.

Essa mesma interpretação pode ser aplicada às regras de associação da CCEE, que representa um contrato aberto. Ou seja, os interessados em se associar à CCEE após a inclusão da cláusula arbitral ficarão igualmente vinculados a ela. Contudo, a vinculação da cláusula para as empresas que já eram agentes da CCEE (anteriormente à instituição da convenção arbitral) exigiria, necessariamente, a aprovação de todos os associados – tal como procedeu a CCEE.

A esse respeito, vale, por analogia, a interpretação aplicada no Direito Societário:

> Caso, entretanto, a cláusula não tenha sido introduzida no momento da constituição da companhia, somente com o voto de todos os acionistas poderá ser incluída no estatuto, pouco importando o *quorum* estabelecido na lei ou no próprio estatuto para as demais alterações pontuais, eis que estará em jogo direito essencial do acionista, qual seja, o de dirigir-se ao Estado para tratar de lesão ou ameaça de lesão a suposto direito seu".[173]

---

[172] CARMONA, Carlos Alberto. Arbitragem e Processo, Comentário à Lei 9307/96, 3ª edição, São Paulo: Ed. Atlas, 3ª edição, 2009, p. 111.
[173] CARMONA, Carlos Alberto. Arbitragem e Processo, Comentário à Lei 9307/96, 3ª edição, São Paulo: Ed. Atlas, 2009, p. 111.

A utilização compulsória da arbitragem não é uma exclusividade do setor de comercialização de energia elétrica ou de discussões societárias, muito menos do direito nacional. Há alguns países que possuem em seus ordenamentos jurídicos previsões a respeito da utilização obrigatória da arbitragem em determinadas matérias.

Em Portugal, por exemplo, o art. 209 da Constituição[174] estabelece que podem existir tribunais marítimos e tribunais arbitrais, "o que leva a doutrina portuguesa a afirmar que os tribunais arbitrais (tanto os voluntários como os necessários) integram a ordem judicial portuguesa, exercendo então os árbitros função jurisdicional".[175]

Também a Costa Rica possui previsão de arbitragem obrigatória "para questões ligadas à previdência social (demandas entre o Instituto Nacional de Seguros e o segurado a respeito do contrato de seguro) e para certas questões oriundas de admissão ou recusa de herdeiro em uma sociedade de responsabilidade limitada, entre outras".[176]

No Chile também há previsão de arbitragem obrigatória em diversas questões, inclusive em discussões relacionadas à Administração Pública.[177]

Levando em conta os apontamentos acima, sobretudo pela adesão incondicional da convenção arbitral por todos os Agentes da CCEE, na trilha de José Emílio Nunes Pinto afastamos o caráter impositivo da arbitragem aos Agentes, reconhecendo a adesão voluntária a esse instituto, pois o Agente subscreve a convenção arbitral como elemento integrante dos direitos e obrigações de associado, já que a associação é um contrato aberto.

Por essa razão, o Agente que, por livre e espontânea vontade, opta por entrar no mercado de comercialização de energia elétrica e associar-se à CCEE,

---

[174] **Artigo 209.º – Categorias de tribunais**
(...)
2. Podem existir tribunais marítimos, tribunais arbitrais e julgados de paz.
[175] CARMONA, Carlos Alberto. Arbitragem e Processo, Comentário à Lei 9307/96, 3ª edição, São Paulo: Atlas, 2009, p. 36.
[176] CARMONA, Carlos Alberto. Arbitragem e Processo, Comentário à Lei 9307/96, 3ª edição, São Paulo: Atlas, 2009, p. 36.
[177] Como destaca Pedro A. Batista Martins, no Chile "*as controvérsias relativas a seguros, liquidação de sociedades conjugal, civil ou comercial, partilha de bens e aquelas que envolvem acionistas, dentre outras, são necessariamente resolvidas pela via arbitral*". Disponível em: http://www.institutodeengenharia.org.br/cmaie/informe_publicacoes.php?p=3. Acesso em 12.10.2015.

assume por ato de vontade todos os direitos e obrigações previamente estabelecidos aos associados – dentre eles a utilização da arbitragem para os casos previstos na Convenção Arbitral.

5.7 A estipulação de cláusula escalonada. A obrigatoriedade da mediação de forma prévia à instituição da arbitragem

5.7.1 A cláusula escalonada

As cláusulas escalonadas são aquelas que combinam uma ou mais formas de resolução de controvérsias, prevendo fases sucessivas de modo a contribuir com a resolução do litígio. Com isso, estabelece-se um procedimento prévio à instauração do processo arbitral, aproximando as partes para que eventual acordo possa ser desenhado. Ou seja, faz-se um escalonamento, organiza-se uma sequência de condutas prévias (como uma mediação ou uma conciliação, por exemplo) antes do início da demanda propriamente dita.

As cláusulas escalonadas mais comuns são aquelas denominadas *arb-med* (arbitragem-mediação) e *med-arb* (mediação-arbitragem). Pela cláusula *arb-med*, primeiro se instaura o processo arbitral, seguido de um meio consensual (mediação). Ou seja, após iniciada a arbitragem, o processo poderá vir a ser suspenso para que, dentro de determinado prazo previamente estipulado, as partes tentem se conciliar.

Pela cláusula *med-arb* ocorre o inverso. As partes submetem suas controvérsias primeiramente à mediação, seguida da arbitragem, na hipótese de não terem chegado ao acordo total acerca da controvérsia.

Essa aliança entre a arbitragem e outros meios de composição amigável possui importantes aspectos positivos. Ao analisar a cláusula escalonada *med--arb*, Fernanda Rocha Lourenço Levy[178] destaca que tal instituto traz consigo a proposta da manutenção ou reconstrução do diálogo entre todos os envolvidos no conflito. A arbitragem, por sua vez, proporciona a essa parceria sua força decisória e vinculativa. Justamente por isso,

---

[178] LEVY, Fernanda Rocha Lourenço. Cláusulas escalonadas. São Paulo: Saraiva, 2013, p. 196.

a utilização combinada dos dois meios se mostra como um recurso que integra o diálogo e/ou decisão que promete amenizar os desgastes gerados pelo conflito, facilitando a comunicação entre os envolvidos, mesmo que não atinjam o acordo e a decisão arbitral se faça necessária.[179]

Essa mesma solução foi adotada no âmbito da comercialização de energia elétrica.

5.7.2 O modelo de cláusula escalonada adotada no setor de comercialização de energia elétrica

A *convenção de comercialização* (anexa à Resolução Normativa nº 109/2004) consignou que a Câmara de Arbitragem ficará *obrigada* a instituir processo de mediação com o objetivo de promover, no âmbito privado e *de forma prévia* ao procedimento arbitral, uma solução amigável de conflitos.

> Art. 59. Fica *obrigada a Câmara de Arbitragem* a instituir processo de mediação com o objetivo de promover, no âmbito privado e de forma prévia ao procedimento arbitral, uma solução amigável de Conflitos.

A *convenção arbitral*, firmada entre os agentes da CCEE e a CCEE, ao destacar a observância do art. 59 da convenção de comercialização, ratificou essa exigência de cláusula escalonada med-arb.

> CLAUSULA 1ª – Observado o disposto no § 7º do art. 4º da Lei nº 10.848, de 2004, e *no art. 59 da CONVENÇÃO DE COMERCIALIZAÇÃO*, eventuais conflitos ("CONFLITOS") fundados nas relações estabelecidas ao amparo do Estatuto Social da CCEE e da CONVENCAO DE COMERCIALIZACAO serão dirimidos no âmbito da Câmara FGV (Fundação Getúlio Vargas) de Conciliação e Arbitragem ("CÂMARA"), nos termos de seu próprio Regulamento e da presente CONVENCAO, aplicando-se subsidiariamente o disposto na Lei de

---

[179] LEVY, Fernanda Rocha Lourenço. Cláusulas escalonadas. São Paulo: Saraiva, 2013, p. 197.

Arbitragem e regulamentação aplicável. Os termos não definidos nesta CONVENÇÃO tem o significado a eles atribuído na CONVENÇÃO DE COMERCIALIZAÇÃO. Na hipótese de CONFLITO entre os termos desta CONVENÇÃO e do regulamento da CÂMARA, prevalecerá o disposto nesta CONVENÇÃO.

Como se pode constatar, o setor de comercialização de energia elétrica fez clara opção pelo modelo de escalonamento do tipo *mediação-arbitragem*.

A instituição de processo de mediação (antes da instauração do processo arbitral) representa uma previsão interessante e que poderá viabilizar a solução de divergências menos complexas de forma mais célere e menos onerosa. Além disso, confirma a busca do setor elétrico por meios adequados para solucionar seus conflitos. Até porque, ninguém melhor do que as próprias partes para conhecerem detalhes do litígio e, com base nesse conhecimento, chegarem a uma composição que seja efetivamente justa e razoável para elas.

Contudo, essa obrigação, da forma como foi posta, é curiosa (para não dizer duvidosa), pois a mencionada convenção está impondo à Câmara Arbitral uma obrigação que não parece cabível (lembre-se: nos termos do art. 59 da convenção de comercialização, *"fica obrigada a Câmara de Arbitragem a instituir processo de mediação..."*).

A convenção de comercialização não tem competência para impor à Câmara obrigação de instituir processo de mediação prévio. Até porque a Câmara Arbitral escolhida não possui nenhum vínculo com a convenção de comercialização – que vincula apenas a CCEE e seus Agentes.

Portanto, a interpretação mais adequada ao art. 59 da Convenção de Comercialização é a de que essa obrigação deva ser imposta às partes, e não à Câmara. Ou seja, cabe às partes (aos Agentes da CCEE e à CCEE) instaurarem, previamente à arbitragem, processo de mediação de modo a buscarem, no âmbito privado, uma solução amigável de conflitos.

Na prática, como veremos mais adiante, os contratos firmados no setor de comercialização têm previsto cláusulas padrão no sentido de que, na eventualidade de ocorrerem controvérsias derivadas do contrato, as partes buscarão solucioná-las *amigavelmente*, dentro de determinado prazo estipulado pelas próprias partes.

Essas cláusulas não costumam esclarecer qual mecanismo de "solução amigável" será utilizado – o que demonstra certa impropriedade da sua redação. Caso essa "solução amigável" ocorra por meio de processo de mediação, ainda que sem qualquer interferência da Câmara Arbitral, a exigência imposta pela convenção de comercialização terá sido cumprida.

5.7.3 Os efeitos jurídicos da cláusula escalonada

A imposição de instauração de processo de mediação prévio à arbitragem pode ser, em alguns casos, de difícil aplicação prática, porque uma solução amigável pressupõe que todas as partes envolvidas estejam dispostas a buscá-la. Contudo, em se tratando de litígios, a prática mostra que isso nem sempre ocorre, pois ninguém é obrigado a mediar ou acordar com aquilo que está sendo discutido em eventual processo de mediação.

Com base nisso, obrigar as partes a instaurarem processo de mediação – quando uma delas não tem essa intenção (seja pelo desgaste ocasionado pela relação contratual, ou até mesmo por má-fé) – poderá representar verdadeiro desperdício financeiro e de tempo. Contudo, não podemos ignorar que a cláusula escalonada possui efeitos jurídicos e, portanto, deve ser cumprida pelas partes que, previamente, as aceitou ao aderirem à convenção arbitral.

Em outras palavras, a adesão à convenção arbitral deve produzir os efeitos desejados. De que serviria a imposição (pela convenção de comercialização e pela convenção arbitral) de instauração do processo de mediação se não fosse para obrigar as partes? A "cláusula de mediação não é mera alegoria contratual e seu cumprimento é mandatório e sendo assim, sua inobservância tem implicações no campo contratual, nos termos do regime jurídico do descumprimento das obrigações".[180]

---

[180] LEVY, Fernanda Rocha Lourenço. Cláusulas escalonadas. São Paulo: Saraiva, 2013, p. 253.

Fernanda Rocha L. Levy ainda destaca que:

> Nesse sentido, entendo que as partes devem cumprir o avençado levando a controvérsia à mediação, entendida essa previsão como a presença obrigatória em uma reunião informativa sobre a mediação. As partes não estão obrigadas a participar do procedimento da mediação, mas sim a honrarem o previamente pactuado, dando uma oportunidade para que a mediação se desenvolva. Por outro lado, a cláusula med-arb também possui efeitos jurídicos processuais dirigidos no caso, à esfera arbitral, impedindo, portanto o árbitro de instaurar a arbitragem, quando da existência de uma cláusula de mediação prévia à arbitragem.[181]

Portanto, as partes não podem, de fato, ser obrigadas a mediar, mas podem (caso assim tenham consentido previamente) ser compelidas a participar de uma reunião inicial de mediação, sob pena de serem sancionadas, como veremos no item seguinte.

Essa consequência decorre do fato de que a cláusula med-arb representa cláusula arbitral que contempla duas etapas para a solução do conflito: uma buscando o consenso entre as partes (pela mediação) e outra prevendo a instauração do processo arbitral, caso as partes não cheguem a um acordo.

Por essa razão, tem-se entendido a cláusula med-arb como tendo natureza arbitral, "possuindo efeitos processuais vinculantes, inclusive no que se refere à etapa da mediação, desde que esse efeito esteja efetivamente previsto na redação da cláusula e/ou nas regras procedimentais da entidade arbitral, constando a participação na mediação (entendida como a presença das partes à primeira reunião) como pressuposto prévio procedimental ao processo arbitral".[182]

Da mesma forma, as partes devem cumprir o disposto no art. 59 da convenção de comercialização e na cláusula 1ª da convenção arbitral, levando a controvérsia previamente à mediação, dando, ao menos, uma *oportunidade* para

---

[181] LEVY, Fernanda Rocha Lourenço. Arbitragem, Mediação e a Cláusula Escalonada. Disponível em: <http://www.cartaforense.com.br/conteudo/entrevistas/arbitragem-mediacao-e-a-clausula-escalonada/13774>. Acesso em 11 jul. 2015.

[182] LEVY, Fernanda Rocha Lourenço. Cláusulas escalonadas. São Paulo: Saraiva, 2013, p. 215.

que a mediação se desenvolva. Realizada a primeira reunião informativa, as partes podem optar por dar continuidade ao processo de mediação ou decidir encerrá-lo para seguirem o caminho litigioso.

5.8 Consequências do descumprimento das regras estipuladas pela convenção de comercialização

5.8.1 A incidência de multa pela inobservância da convenção arbitral

A Convenção de Comercialização estipulou que, *"no caso de inobservância ou descumprimento do disposto nesta Convenção e nas Regras e Procedimentos de Comercialização, o Agente da CCEE ficará sujeito às penalidades previstas em Procedimentos de Comercialização específicos"* (art. 55).

Além disso, foi aprovada a Resolução Normativa ANEEL nº 274, publicada em 15 de agosto de 2007, a qual incluiu o inciso XX no art. 7º da Resolução Normativa ANEEL nº 63/04, prevendo aplicação da penalidade de multa aos agentes que descumprirem obrigações estabelecidas na Convenção de Comercialização, o que inclui a adesão e o cumprimento à Convenção Arbitral.

> Art. 7º Constitui infração, sujeita à imposição da penalidade de multa do Grupo IV.
> XX – descumprir o agente da CCEE obrigação estabelecida na Convenção de Comercialização de Energia Elétrica instituída pela ANEEL. (Incluído pela REN ANEEL 274 de 07.08.2007)

Os valores das multas serão determinados mediante aplicação sobre o valor do faturamento de instalações e serviços de energia, ou sobre o valor estimado da energia produzida – a depender da atividade exercida pelo Agente que venha a ser penalizado. Conforme prescreve o art. 14 da Resolução Normativa ANEEL nº 63/04:

> Art. 14. Sem prejuízo do disposto em regulamento específico ou contrato de concessão, os valores das multas serão determinados mediante aplicação, sobre o valor do faturamento, nos casos de concessionários,

permissionários e autorizados de instalações e serviços de energia elétrica, ou sobre o valor estimado da energia produzida, nos casos de autoprodução e produção independente, correspondente aos últimos doze meses anteriores à lavratura do Auto de Infração, dos seguintes percentuais:

Grupo IV: até 2% (dois por cento).

§ 1º Para fins do que trata este artigo, entende-se por valor do faturamento as receitas oriundas da venda de energia elétrica e prestação de serviços, deduzidos o ICMS e o ISS

Via de consequência, os Agentes que deixarem de observar as regras procedimentais previstas na Convenção de Comercialização (o que inclui a instauração de processo de mediação prévio à instituição de eventual arbitragem) podem vir a sofrer a sanção de multa estipulada no aludido dispositivo normativo.

A opção normativa instituindo a pena de multa pelo descumprimento da instituição de processo de mediação de forma prévia ao processo arbitral tem certa similaridade com o direito inglês, que criou penalidades financeiras relacionadas às custas do processo para a parte que descumprir esta fase prévia.[183]

5.8.2 Consequências processuais pela inobservância do processo de mediação

Como sustentado no item anterior, o instituto da mediação possui efeitos obrigacionais e, nos termos da Convenção de Comercialização, a não observância de qualquer uma de suas regras (incluindo a instauração do processo de mediação) poderá ocasionar o pagamento de multas.

Contudo, resta saber se, além desses efeitos obrigacionais, a não observância dessas regras poderia ocasionar efeitos processuais. Mais especificamente: poderia o árbitro, por exemplo, condicionar a instauração do processo arbitral à realização prévia do processo de mediação?

O tema vem sendo discutido pela doutrina nacional e estrangeira, o que confirma a sua relevância.

---

[183] SILVA, Paula Costa e. A nova face da justiça: os meios extrajudiciais de resolução de controvérsias: relatório sobre conteúdo, programa e método de ensino, Portugal: Lisboa, Coimbra Ed, 2009, p. 49.

Fazendo uma análise tanto do direito alemão quanto do direito inglês, Paula Costa e Silva identifica que, enquanto na Alemanha o não cumprimento da fase de mediação prévia impede o acesso imediato aos tribunais, a Inglaterra criou penalidades financeiras relacionadas às custas do processo para a parte que descumprir esta fase prévia.[184]

A questão chegou a ser analisada pela doutrina francesa:

> *Le principe même de l'engagement contractuel devrait permettre de soulever l'irrecevalité de La saisine Du juge dès lorsque La clause de médiation librement consentie n'a pás été mise em ouevre. Une décision de La chambre mixte de La Cour de Cassation em date du 14 février 2003 perment d'admettre que l'obligation de mettre em place La médiation préable à tout contentieux, conformément aux clauses contractualles est une obligation de résultat. Le non respect de ce préable permettrait d'opposer une fin de non recevoair à la partie ayant saisi directement une juridiction (au visa dês articles 122 at 124 du Code de Procédure Civile). Em revanche, La déroulement ET l'issue de La médiation engagée NE sont soumis qu'à une obligation de moyen.*[185]

Também a doutrina brasileira vem reconhecendo consequências processuais pelo não cumprimento de qualquer uma das fases de um sistema multietapas de solução de conflitos. Nesse sentido, ao analisar o descumprimento de uma das etapas das deliberações proferidas em sede de *dispute boards*, José Emílio Nunes Pinto esclarece o seguinte:

---

[184] A nova face da justiça: os meios extrajudiciais de resolução de controvérsias: relatório sobre conteúdo, programa e método de ensino, Portugal: Lisboa, Coimbra Ed, 2009, p. 49.
[185] "O próprio princípio do compromisso contratual permite suscitar a inadmissibilidade de encaminhamento para o juiz, porque a cláusula de mediação livremente consentida não foi implementada. A decisão da Câmara Mista do Tribunal de Apelação de 14 de fevereiro de 2003 permite admitir que a obrigação de implementar a mediação previamente a todos os litígios, em conformidade com os termos contratuais, é uma obrigação de resultado. A não observância desta previsão é oponível a qualquer parte perante um tribunal diretamente (à vista dos arts. 122 e 124 do Código de Processo Civil). No entanto, a conduta no curso da mediação e o resultado desta estão sujeitos a uma obrigação de meio" (Tradução realizada por Fernanda Rocha Lourenço Levy. Ob., cit., p. 269). LASCOUX, Jean-Louis; Tavel, Agéns. Code de la médiation annoté et commenté pour l'orientation de la médiation. Bordeaux: Médiateurs Éditeurs, 2009, p. 275.

Não se veja nisso uma etapa que, ao fim e ao cabo, agregaria mais tempo para que se chegasse a uma solução da controvérsia. Não é assim. Temos que levar em conta que a escolha dos *Dispute Boards* como mecanismos de solução de solução de controvérsias requer que as partes pautem seu comportamento pelos ditames e *standards* da boa-fé objetiva e, consequentemente, que estejam atentas aos deveres laterais e acessórios que lhe são impostos. Dessa maneira, temos que aceitar que a recusa de cumprimento das deliberações dos *Dispute Boards* deve se dar em base fundada, sob pena de estar caracterizada a violação de um dispositivo legal expresso.[186]

Levanta-se, ainda, questionamentos acerca da eventual anulação de sentença arbitral caso a fase precedente da mediação não seja levada em conta – tal como pondera Fernanda Rocha Lourenço Levy:

> Entretanto, se a primeira fase não foi cumprida e o procedimento arbitral instaurado, se posteriormente uma das partes vier a alegar a invalidade da sentença, salvo melhor juízo, entendemos que a sentença arbitral, a depender da análise do caso concreto, pode vir a ser anulada pelo não cumprimento da fase de mediação. Ademais, parece-nos que esta hipótese deve ser fortemente evitada, cuidando-se para que, diante de uma previsão que contenha uma etapa de mediação prévia, seja ela observada para evitar colocar em risco todo o procedimento arbitral.[187]

Justamente em razão desses questionamentos, Francisco José Cahali destaca que:

> Polêmica a questão, inclusive além das nossas fronteiras, parece que o cenário atual onde se busca prestigiar cada vez mais os meios amistosos

---

[186] Reflexões indispensáveis para a utilização da arbitragem e de meios extrajudiciais e solução de controvérsias. In: CARMONA, Carlos Alberto; LEMES, Selma Maria Ferreira; MARTINS, Pedro Batista. Arbitragem: estudos em homenagem ao Prof. Guido Fernando Silva Soares *in memoriam*. São Paulo: Atlas, 2007, p. 324.
[187] LEVY, Fernanda Rocha Lourenço. Cláusulas escalonadas. São Paulo: Saraiva, 2013, p. 292.

de solução de conflitos (v.g., a previsão contida na Res. CNJ 125/2010, e o Projeto do novo Código de processo Civil, analisados respectivamente, nos Capítulos 2 e 3), a tendência será considerar impedido o acesso à arbitragem enquanto não cumprida a etapa voluntariamente eleita pelas partes. Porém, registre-se que mesmo neste contexto, para eventuais medidas de urgência, certamente estarão abertas as portas do Judiciário para garantir eventual direito da parte, com jurisdição nos limites da tutela cautelar pretendida, como se admite previamente a instauração da arbitragem em qualquer situação.[188]

Como se pode observar, para além das penalidades de multa prevista na Resolução Normativa ANEEL nº 63/04 em razão do descumprimento das regras impostas pela convenção de comercialização, há aspectos processuais relevantes decorrentes da não observância do sistema multietapas.

Independentemente da corrente doutrinária, ou da interpretação que se dê às regras impostas pelo art. 59 da convenção de comercialização e pela cláusula 1ª da convenção arbitral firmada entre os Agentes da CCEE e a CCEE, o fato é que essas discussões existem e devem ser devidamente consideradas não apenas pelas partes litigantes, mas também pelos próprios árbitros, de modo a preservar o litígio arbitral e afastar questionamentos futuros que podem gerar grave insegurança jurídica ao próprio setor elétrico brasileiro.

5.9 O processo de conciliação previsto no Estatuto Social da CCEE. Instituto que não substitui a mediação imposta pela Convenção de Comercialização

Ainda no que tange aos mecanismos amigáveis de solução de conflitos previstos no setor de comercialização de energia elétrica, cabe destacar a *conciliação* realizada no âmbito da própria Câmara de Comercialização de Energia Elétrica – CCEE.

---

[188] CAHALI, Francisco José. Curso de arbitragem. 2ª ed. Revisada, atualizada e ampliada. São Paulo: Revista dos Tribunais, 2012, p. 129.

Nos termos do artigo 22 do Estatuto Social da CCEE, os Agentes têm a *possibilidade* de realizar audiências de conciliação no âmbito da própria CCEE. *In verbis*:

> Artigo 22. Compete ao Conselho de Administração:
> (...)
> XI. realizar audiências de conciliação que tratem de conflitos entre seus Agentes, ou entre estes e a própria CCEE, nos termos das normas regulatórias aplicáveis.

Nos termos do *"procedimento de comercialização, módulo 1 – Agentes"*, disponibilizado pela própria CCEE, a todos os agentes da CCEE deve ser garantido o direito de solicitar a instauração de procedimento de conciliação junto à Câmara, desde que a controvérsia se restrinja a divergências de interesse entre agentes ou entre estes e a CCEE, exclusivamente fundadas na interpretação, execução e/ou aplicação das Regras e dos Procedimentos de Comercialização, sendo excluídas as questões de cunho regulatório, de atribuição exclusiva da Agência Nacional de Energia Elétrica – ANEEL.

Além disso, como prescreve o item 3.42 do *procedimento de comercialização, módulo 1 – Agentes*, as controvérsias apresentadas pelo agente devem versar sobre assunto de atribuição do Conselho de Administração da CCEE, consoante previsão constante da Convenção de Comercialização de Energia Elétrica. As controvérsias que não atendam a essa condição podem ser levadas à arbitragem (respeitando as disposições na convenção de comercialização e na Convenção Arbitral).

O Agente que desejar recorrer à conciliação deve solicitá-la à CCEE por meio de requerimento inicial que, sendo aceito pelo Conselho de Administração da CCEE, convocará a(s) outra(s) parte(s) envolvida(s) para a audiência de conciliação, encaminhando cópia do requerimento inicial (3.52. do *"procedimento de comercialização, módulo 1 – Agentes"*).

Iniciado o processo, e após a realização de audiência de conciliação em que as partes poderão apresentar manifestações escritas, documentos e/ou novas providências que reputarem necessárias, os membros do Conselho de Administração poderão *propor* alternativas para a realização da conciliação no decorrer da audiência (item 3.57. do procedimento de comercialização).

Em sendo obtida a conciliação entre as partes, o acordo será reduzido a termo pela CCEE, com a assinatura dos presentes. Não havendo acordo, o procedimento é encerrado pela CCEE, lavrando-se um termo com essa informação, que também deve conter a assinatura dos presentes. Nesse último caso, finalizado o processo de conciliação, as partes poderão adotar as medidas cabíveis para a defesa de seus interesses, inclusive a instauração de arbitragem (sempre respeitando as disposições contidas na convenção de comercialização e na convenção arbitral).

Em razão dessa possibilidade de realização de processo de conciliação no âmbito da CCEE, cabe saber se esse mecanismo supriria, ou não, a necessidade de realização do processo de mediação "*de forma prévia ao procedimento arbitral*".

A esse respeito, em certa medida, pela conciliação realizada pela CCEE, teria havido uma aproximação entre as partes na tentativa de solucionar eventual divergência – o que, em princípio, seria a intenção da mediação.

Contudo, não podemos ignorar que o papel do conciliador e do mediador é distinto, de modo que uma atividade não abrange a outra. Trata-se, portanto, de uma distinção qualitativa, e não quantitativa – como demonstramos nos itens 2.2 e 2.3 do presente trabalho. Justamente por isso, salvo melhor juízo, não há como se afirmar que a realização (infrutífera) da conciliação no âmbito da CCEE seria capaz de afastar a necessidade de uma tentativa de mediação nos termos previsto na Convenção de Comercialização e na Convenção Arbitral (já destacadas).

Em outras palavras, não tendo as partes chegado a um acordo pela conciliação realizada pela CCEE, estas, caso decidam recorrer à esfera arbitral, não poderão deixar de observar a fase prévia imposta pelo art. 59 da Convenção de Comercialização e pelo art. 1º da Convenção Arbitral.

5.10 Cláusulas arbitrais comumente utilizadas nos contratos de comercialização de energia elétrica

No âmbito da Comercialização de energia elétrica, as relações comerciais se estabelecem no Ambiente de Contratação Regulada – ACR e no Ambiente de Contratação Livre – ACL.

As contratações no ambiente regulado se dão, basicamente, nos casos em que a energia elétrica é comercializada por meio de leilões realizados pela CCEE, por delegação da Agência Nacional de Energia Elétrica – ANEEL, para atender os agentes que prestam serviço de distribuição.

Os contratos desse ambiente têm regulação específica para aspectos como preço da energia, submercado de registro do contrato e vigência de suprimento, os quais não são passíveis de alterações bilaterais por parte dos agentes. Essas relações contratuais ocorrem mediante processo licitatório formal e possuem forte influência regulatória.

O ambiente de contratação livre – ACL, por sua vez, destina-se a atender os agentes (i) geradores (a título de serviço público, autoprodutores, produtores independentes), (ii) comercializadores, (iii) importadores e exportadores de energia e (iv) os consumidores livres e especiais. Nesse ambiente, os agentes têm liberdade para negociar a compra de energia, estabelecendo volumes, preços e prazos de suprimento – sendo desnecessária a realização de procedimento licitatório. As negociações ocorrem livremente entre os Agentes.

Em razão da exigência imposta pela convenção de comercialização, parte dessas relações contratuais deve ser obrigatoriamente dirimida pelos institutos da mediação e da arbitragem (nos termos da lei 9.307/96).

Mas, analisando diversas minutas de contratos firmados no âmbito da comercialização, apenas algumas das exigências impostas pela convenção de comercialização e pela convenção arbitral costumam ser atendidas.

Em minuta padrão de contrato de comercialização de energia elétrica firmado no *ambiente regulado – CCEAR*, disponibilizada pela própria ANEEL, estipula-se que, na eventualidade de ocorrerem controvérsias derivadas do contrato, as partes buscarão solucioná-las *amigavelmente* em determinado prazo. Não havendo composição amigável, as partes terão de se socorrer da arbitragem, nos termos da Lei 9.307/96, incluindo as previsões contidas na convenção de comercialização.[189]

---

[189] CLÁUSULA 12 – DA SOLUÇÃO DE CONTROVÉRSIAS
12.1. Uma controvérsia se inicia com a NOTIFICAÇÃO DE CONTROVÉRSIA de uma parte a outra.
12.2. Na eventualidade de ocorrerem controvérsias derivadas deste CONTRATO, as PARTES buscarão solucioná-las amigavelmente no prazo de até quinze dias úteis contados do recebimento da NOTIFICAÇÃO DE CONTROVÉRSIA.

Da mesma forma ocorre nos contratos firmados no ambiente de *contratação livre – ACL*. As controvérsias se iniciam mediante a *notificação de controvérsia* de uma parte à outra – viabilizando assim que as partes tentem obter uma solução amigável em prazo livremente estipulado. Na ausência de uma solução amigável, o litígio será dirimido por meio de arbitragem administrada pela Câmara FGV de Mediação e Arbitragem e processada de acordo com o seu Regulamento.[190]

12.3. Caso as controvérsias decorrentes do presente CONTRATO não sejam solucionadas na forma da subcláusula 12.2, as PARTES deverão submetê-las ao processo de solução de conflitos por meio de arbitragem, incluindo o previsto na CONVENÇÃO DE COMERCIALIZAÇÃO, nos termos da Lei nº 9.307, de 23 de setembro de 1996 e da Lei nº 10.848, de 15 de março de 2004, valendo a presente como cláusula compromissória.
12.4. Na hipótese de emissão de NOTIFICAÇÃO DE CONTROVÉRSIA anteriormente à instituição da CÂMARA DE ARBITRAGEM, as PARTES submeterão a controvérsia a uma câmara arbitral em funcionamento, de comum escolha entre as PARTES. (Site da ANEEL: http://www.aneel.gov.br/arquivos/PDF/CCEAR%20Disponibilidade.pdf. Acesso em 03.04.2015).
[190] Modelo de contrato: **Contrato de Compra e Venda de Energia Elétrica Convencional no Ambiente Livre TBLC-__.___-CVE-__, que entre si fazem _____ e TRAC-TEBEL ENERGIA COMERCIALIZADORA LTDA.**
TÍTULO XI – DA SOLUÇÃO DE CONTROVÉRSIAS
CLÁUSULA 17 Uma controvérsia se inicia com a NOTIFICAÇÃO DE CONTROVÉRSIA de uma PARTE à outra.
CLÁUSULA 18 As PARTES buscarão solucionar a controvérsia amigavelmente, no prazo de até 10 (dez) dias contados do recebimento da NOTIFICAÇÃO DE CONTROVÉRSIA.
Parágrafo Primeiro – Esta Cláusula produzirá todos os efeitos da cláusula compromissória a que se refere a legislação aplicável à matéria.
Parágrafo Segundo – A arbitragem será administrada pela Câmara FGV de Mediação e Arbitragem (a Câmara FGV) e processada de acordo com o Regulamento da Câmara FGV vigente à época em que esta tiver início (o Regulamento da Câmara FGV).
Parágrafo Terceiro – A arbitragem será conduzida por 03 (três) árbitros, dos quais 02 (dois) serão indicados por cada uma das PARTES nos termos previstos no Regulamento da Câmara FGV, e o terceiro, que presidirá o procedimento, será indicado, conjuntamente, pelos outros 02 (dois) árbitros, no prazo máximo de 15 (quinze) dias consecutivos, a contar da indicação do segundo árbitro. Caso o terceiro árbitro não seja indicado no prazo ora estabelecido, caberá ao Diretor Executivo da Câmara FGV fazê-lo.
Parágrafo Quarto – A sede da arbitragem será a cidade do Rio de Janeiro/RJ e o idioma será o português.
Parágrafo Quinto – A arbitragem será exclusivamente de direito, aplicando-se ao mérito da controvérsia a legislação aplicável e, portanto, expressamente excluindo-se a equidade.
Parágrafo Sexto – Havendo necessidade, no curso da arbitragem, de medidas urgentes, coercitivas, cautelares ou, ainda, de antecipação de tutela, as PARTES deverão obrigatoriamente requerê-las aos árbitros, comprometendo-se, desde já, a cumprir imediatamente quaisquer

Há, ainda, algumas minutas de contrato incluindo de forma expressa (além de mecanismos amigáveis, como a negociação) a possibilidade de utilização do instituto da mediação promovida pela ANEEL (*Parágrafo 2º – As controvérsias não solucionadas na forma do caput desta Cláusula* poderão, mediante acordo entre as PARTES, *ser submetidas à mediação da ANEEL*).[191]

medidas ou decisões que venham a ser determinadas ou proferidas pelos árbitros em relação a tais pedidos.
Parágrafo Sétimo – Para a finalidade de adoção de medidas coercitivas ou cautelares anteriores ou posteriores ao curso de um procedimento arbitral, bem como para eventual execução de sentença arbitral, ou ingresso de pedido de decretação de nulidade de sentença arbitral, fica eleito o foro da Comarca da cidade do Rio de Janeiro, com expressa renúncia a qualquer outro, por mais privilegiado que seja.
Parágrafo Oitavo – As PARTES concordam desde já que todas as despesas por elas incorridas com a arbitragem (incluindo, mas não se limitando, custas administrativas, honorários dos árbitros, peritos e advogados, despesas com viagens) serão suportadas por ambas na proporção de 50% (cinquenta por cento) cada, não sendo cabíveis honorários de sucumbência.

[191] **Minuta de contrato do ambiente de contratação livre:** CONTRATO DE COMPRA DE ENERGIA INCENTIVADA, QUE ENTRE SI CELEBRAM BOLT SERVIÇOS E COMERCIALIZAÇÃO DE ENERGIAS LTDA. E XXXXXXXXXXXXXXXXXX.
CAPÍTULO X – DA SOLUÇÃO DE CONTROVÉRSIAS E FORO
CLÁUSULA 23ª – Caso haja qualquer disputa ou questão relativa ao presente CONTRATO, as PARTES, desde já, se comprometem a envidar esforços para resolver a questão em 5 (cinco) dias, a partir da comunicação da PARTE prejudicada, de maneira amigável, mantendo, para tanto, negociações para atingirem uma solução justa e satisfatória para ambas.
Parágrafo 1º – A declaração de controvérsia por uma das PARTES não a dispensa do cumprimento da obrigação contratual assumida, procedendo-se, ao final do processo de negociação ou de solução de conflitos adotado, os acertos que se fizerem necessários.
Parágrafo 2º – As controvérsias não solucionadas na forma do caput desta Cláusula poderão, mediante acordo entre as PARTES, ser submetidas à mediação da ANEEL.
Parágrafo 3º – Caso não se atinja solução amigável ou, dentro de 30 (trinta) dias, a mediação da ANEEL não seja satisfatória, as PARTES assumem, desde já, em caráter irrevogável e irretratável, o compromisso de proceder à solução da controvérsia, inclusive divergências previstas na Cláusula 10ª, através de Arbitragem, conforme o disposto na Lei n.º 9.307, de 23 de setembro de 1996 e suas alterações e de acordo com as normas do Regulamento de Arbitragem da Câmara FGV (Fundação Getúlio Vargas) de Conciliação e Arbitragem, por 3 (três) árbitros, nomeados conforme o disposto no referido Regulamento. A arbitragem será sediada na cidade de São Paulo, e no idioma Português.
Parágrafo 4º – Controvérsias oriundas de temas vinculados a CCEE serão dirimidas conforme disposto na Resolução Homologatória da ANEEL n.º 531, de 7 de agosto de 2007, ou seja, através da Convenção Arbitral instituída por esta norma na Câmara FGV (Fundação Getúlio Vargas) de Conciliação e Arbitragem.
Parágrafo 5º – As PARTES elegem o foro de São Paulo, com exclusão a qualquer outro, por mais privilegiado que seja, para, se necessário, e apenas e tão somente com esta finalidade,

Contudo, essa *possibilidade* de utilização da mediação, mediante acordo entre as partes, não parece atender a regra cogente imposta pelo art. 59 da Convenção de Comercialização – que *obriga* as partes a instaurarem processo de mediação prévio à arbitragem.

Além disso, cabe destacar que as previsões comumente encontradas em minutas de contratos do setor (prevendo uma tentativa de solução amigável, de forma prévia ao processo arbitral) não caracterizam, tecnicamente, uma cláusula escalonada do tipo med-arb – tal como exige a convenção de comercialização.

Há que se destacar a diferença entre cláusula escalonada e negociações prévias e informais que são, na verdade, tentativas de soluções amigáveis que não se confundem com o instituto da mediação.

Selma Lemes destaca que em algumas situações não se trata de cláusulas escalonadas, mas de instrumento informal de negociação *"quando as partes salientam que, surgida a controvérsia, envidarão seus melhores esforços para solucionar a controvérsia amigavelmente e, não sendo possível, instituirão procedimento arbitral, regulando, em seguida, a arbitragem"*.[192]

No caso do escalonamento med-arb, deve haver previsão específica de utilização do processo de mediação como primeiro meio a ser utilizado, procedimento que essencialmente se distingue de negociações informais.[193]

De todo modo, não podemos deixar de registrar que, no caso das arbitragens relativas às operações de comercialização de energia realizada no âmbito da CCEE, a opção pela arbitragem ocorre no momento em que os agentes aderem à Convenção Arbitral ou subscrevem o Estatuto Social da CCEE.[194]

Justamente por isso, vem se reconhecendo que:

---

conhecer ações que garantam a completa realização do procedimento arbitral com o disposto na Lei n.º 9.307/96.
[192] LEMES, Selma Maria Ferreira. As peculiaridades e os efeitos jurídicos da cláusula escalonada: mediação ou conciliação arbitragem, arbitragem doméstica e internacional. In: FERRAZ, Rafaella; MUNIZ, Joaquim de Paiva (Coords.). Estudos em Homenagem ao professor Theóphilo de Azevedo Santos. Rio de Janeiro: Forense, 2008, p. 367.
[193] LEVY, Fernanda Rocha Lourenço. Cláusulas escalonadas. São Paulo: Saraiva, 2013, p. 196.
[194] ANDRADE, Gustavo Fernandes de. Algumas reflexões sobre as arbitragens e as regras da Câmara de Comercialização de Energia Elétrica – CCEE, Revista de Direito da Procuradoria Geral, Rio de Janeiro (67), 2013, pp. 92-93.

Tendo em vista que, no caso da CCEE, há a adesão dos agentes a um mercado específico de comercialização de energia, *a eventual ausência de cláusula compromissória no respectivo contrato de compra e venda não afasta a jurisdição do tribunal arbitral*, que, nessa hipótese, decorrerá, inequivocamente, da aceitação e adesão do participante à Convenção Arbitral e ao Estatuto Social da CCEE.[195]

Em outras palavras, a ausência de cláusula arbitral, ou a existência de cláusula eventualmente defeituosa, não desobriga os contratantes de observarem as disposições contidas na Convenção de Comercialização e na Convenção Arbitral.

No entanto, cabe registrar que a presença de cláusulas claras e objetivas já nos contratos firmados entre os agentes tende a facilitar a observância das regras estipuladas na convenção de comercialização, na convenção arbitral e no estatuto social da CCEE.

5.11 Sugestões de cláusulas escalonadas que atendam às exigências impostas pela convenção de comercialização e pela convenção arbitral

Em razão dessa dificuldade de identificação de cláusulas que efetivamente atendam às disposições contidas na convenção de comercialização e na própria convenção arbitral firmada entre os Agentes e a CCEE, parece-nos oportuna a apresentação de uma redação exemplificativa que verdadeiramente cumpra, pelo menos de forma mais aproximada, tais regramentos.

Deve-se sempre ter o cuidado de evitar cláusulas com textos ambíguos, que causam insegurança, atrasos e podem prejudicar o processo de resolução de conflitos.

Diversas Câmaras Arbitrais disponibilizam modelos de cláusulas arbitrais que podem nos auxiliar.

No modelo abaixo, podemos identificar a redação de uma cláusula escalonada padrão do tipo med-arb (mediação-arbitragem) – tal como exige a Convenção de Comercialização.

---

[195] ANDRADE, Gustavo Fernandes de. Algumas reflexões sobre as arbitragens e as regras da Câmara de Comercialização de Energia Elétrica – CCEE, Revista de Direito da Procuradoria Geral, Rio de Janeiro (67), 2013, pp. 92-93.

Qualquer controvérsia originária do presente contrato, inclusive quanto à sua interpretação ou execução, será submetida obrigatoriamente à Mediação, administrada pelo ***, de acordo com o seu Roteiro e Regimento de Mediação, a ser coordenada por Mediador participante da Lista de Mediadores do ***, indicado na forma das citadas normas. A controvérsia não resolvida pela mediação, conforme a cláusula de mediação acima, será definitivamente resolvida por arbitragem, administrada pela Câmara ***, de acordo com o seu Regulamento.

As partes também poderão se valer de cláusula escalonada mais detalhada – o que tende a ser mais adequada, já que tais detalhamentos podem se tornar mais difíceis de serem adotados (de comum acordo) após a existência de determinada controvérsia.[196]

1 – Qualquer controvérsia originária do presente contrato, inclusive quanto à sua interpretação ou execução, será submetida obrigatoriamente à Mediação, administrada pelo ***, de acordo com o seu Roteiro e Regimento de Mediação, a ser coordenada por Mediador participante da Lista de Mediadores do ***, indicado na forma das citadas normas.
1.1 – A controvérsia não resolvida pela mediação, conforme a cláusula de mediação acima, será definitivamente resolvida por arbitragem, administrada pelo ***, de acordo com o seu Regulamento.
2.1 – A arbitragem será administrada pelo *** e obedecerá às normas estabelecidas no seu Regulamento, cujas disposições integram o presente contrato.
2.2 – O tribunal arbitral será constituído por **[um/três]** árbitros, indicados na forma prevista no Regulamento do ***.
2.3 – A arbitragem terá sede em **[Cidade, Estado]**.
2.4 – O procedimento arbitral será conduzido em **[idioma]**.
2.5 – **[lei aplicável]**

---

[196] Ambas as cláusulas escalonadas apresentadas no presente trabalho utilizaram de base as sugestões de cláusulas apresentadas pela Câmara de Comércio Brasil-Canadá – CAM/CCBC.

A Câmara de Comércio Internacional – CCI também possui regramento a esse respeito:[197]

> **Clausula D: Obrigação de submeter a disputa ao Regulamento de Mediação da CCI, seguida de arbitragem**
> No caso de qualquer disputa oriunda do presente contrato ou com ele relacionada, as partes acordam submeter essa disputa, em primeiro lugar, à mediação, em conformidade com o Regulamento de Mediação da CCI. Se a disputa não tiver sido solucionada segundo o referido Regulamento, no prazo de [45] dias após o Requerimento de Mediação ter sido apresentado ou dentro de outro prazo que venha a ser convencionado, por escrito, pelas partes, a disputa será solucionada definitivamente através de arbitragem, em conformidade com o Regulamento de Arbitragem da CCI, por um ou mais árbitros nomeados de acordo com o referido Regulamento de Arbitragem.

Esses são apenas alguns exemplos de cláusulas escalonadas que podem (*com as devidas adaptações*) servir de base para os Agentes e para a própria CCEE, uma vez que atendem de forma mais precisa (do ponto de vista técnico) às determinações impostas no art. 59 da Convenção de Comercialização e no art. 1º da Convenção Arbitral.

A esse respeito, talvez fosse recomendável que a própria Câmara Arbitral escolhida pelos Agentes incorporasse ao seu regulamento regras procedimentais específicas para o setor – a exemplo do que fez a Câmara de Comércio Brasil-Canadá ao emitir a Resolução Administrativa nº 03/2014.

Pela referida Resolução, a CAM/CCBC apresentou diversos enunciados dispondo sobre a interpretação do Regulamento da Câmara de arbitragem da CCBC em procedimentos arbitrais que envolvem a Administração Pública.

Da mesma forma, a Câmara Arbitral escolhida pelos Agentes da CCEE e a CCEE poderia estipular um procedimento específico para os litígios envolvendo a comercialização de energia elétrica que efetivamente cumpra com as disposições contidas na convenção de comercialização e na convenção arbitral.

---

[197] Regulamento de Arbitragem e Mediação da CCI. Disponível em *www.iccwbo.org*. Acesso em 1.5.2015.

5.12 A natureza dos conflitos comumente identificados entre os agentes da CCEE

Em se tratando de conflitos envolvendo relações contratuais tão complexas como as que são firmadas no setor de energia elétrica, a sistematização daquilo que efetivamente poderá ser levado à arbitragem não é tarefa fácil.

Em regra, todos os litígios envolvendo os direitos e obrigações previstos nos contratos de comercialização (que tenham repercussão econômica e que sejam fundados nas relações estabelecidas ao amparo do Estatuto Social da CCEE e da Convenção de Comercialização) deverão ser submetidos à arbitragem.

Em outras palavras, quando a disputa produzir efeitos na implementação das regras de comercialização da CCEE e, portanto, precisar ser levada em consideração pela CCEE para fins de contabilização e de liquidação de diferenças, a arbitragem será aplicável (Cláusula 1ª, §3º, inciso II, da Convenção Arbitral).

A CCEE realiza essa operação mediante uma realidade física e contábil. Ou seja, a CCEE apura se quem comprou energia recebeu a quantidade acordada e se quem vendeu entregou a quantidade que deveria. Feito esse balanço, a CCEE irá liquidar as eventuais diferenças, ou seja, caso algum Agente tenha ficado descoberto, ele será compensado no mercado de curto prazo. Os litígios decorrentes dessa operação serão, necessariamente, solucionados pela arbitragem.

Além disso, obrigações decorrentes do não pagamento ou da não disponibilização da energia contratada, descumprimento de exigências operacionais para a disponibilização da energia contratada e potência associada, responsabilização pelos riscos, obrigações e encargos referentes ao uso dos sistemas de transmissão e de distribuição, e pelas perdas elétricas devidas e/ou verificadas entre a instalação de geração e o local onde será entregue a energia contratada (denominado centro de gravidade do submercado) são matérias passíveis de serem submetidas à arbitragem.

Também a responsabilização pelos danos decorrentes do não cumprimento da data de início do suprimento, bem como por eventuais indisponibilidades da Usina são questões que possuem repercussão econômica e, por essa razão, passíveis de serem submetidas à arbitragem.

Há, assim, uma série de obrigações contratuais, sem prejuízo de diversas outras não apontadas no presente tópico, envolvendo aspectos econômicos que são perfeitamente arbitráveis.

Capítulo 6
ASPECTOS OPERACIONAIS DA ARBITRAGEM NO SETOR DE ENERGIA ELÉTRICA

Passemos agora à análise dos aspectos operacionais da arbitragem aplicáveis ao setor de energia elétrica. Por opção didática, alguns dos itens abaixo foram divididos por regras aplicáveis aos contratos de geração, distribuição e transmissão e regra específica para o setor de comercialização de energia elétrica.

Essa distinção se mostra adequada porque a utilização da arbitragem nos contratos de geração, distribuição e transmissão segue basicamente o mesmo regramento da arbitragem nos contratos firmados pela Administração Pública. Afinal, todos esses contratos (executados ou no regime de concessão de serviço público, ou de concessão de uso, ou de permissão ou, ainda, de autorização) possuem como parte a União ou a ANEEL, por delegação daquela.

Por essa razão, os litígios abarcando tais relações contratuais seguirão, necessariamente, o regramento geral utilizado nos litígios arbitrais envolvendo a Administração Pública.

Por outro lado, os contratos firmados no âmbito da Câmara de Comercialização de Energia Elétrica – CCEE representam relações econômicas (ainda que fortemente reguladas) que, na grande maioria dos casos, ocorrem apenas entre empresas privadas que atuam na CCEE comprando e vendendo energia.

Contudo, nem todos os Agentes da CCEE são empresas privadas. No mercado de geração de energia elétrica (que também representa uma das categorias de Agentes da CCEE) há forte presença do Estado. Como já destacado, as empresas com maior capacidade de geração de energia elétrica instalada são estatais.

Portanto, as regras e procedimentos dos processos arbitrais envolvendo os contratos firmados no âmbito da CCEE terão de estar alinhados com essa realidade, qual seja, de que relações contratuais idênticas ora serão firmadas entre empresas exclusivamente privadas, ora por estatais.

6.1 Arbitragem *ad hoc* e institucional

O litígio arbitral pode ser instaurado de duas formas: mediante uma arbitragem *ad hoc* ou *institucional*.

A arbitragem institucional (mais comum) é aquela que tramita sob os cuidados de uma instituição arbitral especializada, denominada *Câmara Arbitral*, que será a responsável pelos aspectos administrativos do litígio, bem como por fornecer o regulamento/procedimento do litígio arbitral.

A arbitragem institucional está regulamentada pela própria Lei de Arbitragem (art. 5º),[198] sendo que a sua opção poderá ser feita na própria cláusula compromissória (inserida no contrato), ou em documento apartado. Ao optarem pela arbitragem institucional, as partes vinculam-se às regras de *algum órgão arbitral institucional ou entidade especializada, prevendo que os futuros litígios sejam processados em determinada Câmara e de acordo com as suas regras.*

Fazendo uma comparação com a estrutura do Poder Judiciário, de forma exemplificativa, Francisco José Cahali destaca que a instituição (ou a Câmara Arbitral) exerce as atividades cartorárias, de gerenciamento do procedimento, preparação do expediente necessário para provocar e receber as providências das partes e para realização de audiências, diligências, atos instrumentais, dentre outros.[199]

---

[198] *"Art. 5º Reportando-se as partes, na cláusula compromissória, às regras de algum órgão arbitral institucional ou entidade especializada, a arbitragem será instituída e processada de acordo com tais regras, podendo, igualmente, as partes estabelecer na própria cláusula, ou em outro documento, a forma convencionada para a instituição da arbitragem."*

[199] CAHALI, Francisco José. *Curso de arbitragem*. 5. ed. rev. atual. e amp. São Paulo: Revista dos Tribunais, 2015, p. 145.

Cada instituição arbitral possui total independência para estabelecer as regras procedimentais para a instauração, organização e desenvolvimento da arbitragem.

Como exemplos de instituições arbitrais, podemos citar: a Câmara de Arbitragem da Câmara de Comércio Brasil-Canadá, a Câmara de Arbitragem da AMCHAM, a Câmara de Arbitragem da FIESP, a CCI (Corte Internacional de Arbitragem da Câmara de Comércio Internacional); LCIA *(London Court of International Arbitration)*; AAA *(American Arbitration Association)*, a Câmara FGV de Mediação e Arbitragem; CAMARB – Câmara de Arbitragem Empresarial, dentre diversas outras.

A arbitragem *ad hoc*, por sua vez, é aquela que se dará somente entre os árbitros e as partes, sem intermédio de nenhuma entidade. Nesse caso, as próprias partes escolhem o procedimento da arbitragem, o local em que as reuniões e audiências serão realizadas, bem como o local em que os autos do processo arbitral irão tramitar.

Por não haver a intervenção de nenhuma instituição, o árbitro será a única figura deste procedimento, ficando aos seu cuidados, a partir da aceitação da sua nomeação, todo o desenvolvimento da arbitragem.[200]

A doutrina conceitua a arbitragem institucional e a arbitragem *ad hoc* da seguinte forma:

> Arbitragem institucional é a arbitragem administrada por uma instituição arbitral que possui regulamento próprio, o qual as partes elegem como regras procedimentais. Por sua vez, a arbitragem *ad hoc* é aquela em que as próprias partes estabelecem as regras procedimentais a serem seguidas, fixando prazo etc.[201]

---

[200] CAHALI, Francisco José. *Curso de arbitragem*. 5. ed. rev. atual. e amp. São Paulo: Revista dos Tribunais, 2015, p. 148.
[201] LEMES, Selma. Arbitragem – Realidades no Brasil, *in* Primeiro Encontro Brasileiro de Mediação e Arbitragem, realizado na Pontifícia Universidade Católica de São Paulo, em 26 de março de 2001.

6.1.1 Regra para os contratos de geração, distribuição e transmissão

No âmbito federal, as leis que preveem a arbitragem como meio adequado para solucionar conflitos envolvendo a Administração Pública nada dizem a respeito da espécie de arbitragem que deverá ser instaurada.

O artigo 23-A da Lei de Concessões (Lei. 8.987/93), ao reconhecer a arbitragem como meio hábil para solucionar disputas provenientes do contrato, estabelece que:

> Art. 23-A. O contrato de concessão poderá prever o emprego de mecanismos privados para resolução de disputas decorrentes ou relacionadas ao contrato, inclusive a arbitragem, a ser realizada no Brasil e em língua portuguesa, nos termos da Lei nº 9.307, de 23 de setembro de 1996. (grifado)

Da mesma forma, a Lei 11.079/2004 (Lei de PPP) assim dispõe:

> Art. 11. O instrumento convocatório conterá minuta do contrato, indicará expressamente a submissão da licitação às normas desta Lei e observará, no que couber, os §§ 3º e 4º do art. 15, os arts. 18, 19 e 21 da Lei nº 8.987, de 13 de fevereiro de 1995, podendo ainda prever:
> (...)
> III – o emprego dos mecanismos privados de resolução de disputas, inclusive a arbitragem, a ser realizada no Brasil e em língua portuguesa, nos termos da Lei nº 9.307, de 23 de setembro de 1996, para dirimir conflitos decorrentes ou relacionados ao contrato.

O artigo 1º da Lei de Arbitragem (levando em conta as alterações introduzidas pela Lei 13.129/2015) também nada diz quanto ao tipo de arbitragem a ser instaurada, o que nos leva a crer que, do ponto de vista jurídico, ambas podem ser admitidas.[202]

---

[202] A título de exemplo, no setor portuário há previsão expressa admitindo tanto a arbitragem institucional quanto a *ad hoc*. Em 9.6.2015, entrou em vigor o Decreto nº 8.465/2015, que regulamenta o § 1º do art. 62 da Lei nº 12.815, de 5 de junho de 2013, para dispor sobre os critérios de arbitragem para dirimir litígios no âmbito do setor portuário. Nos termos do

Em que pese ser possível a instituição tanto de uma arbitragem institucional como *ad hoc*, será bastante positivo (para não dizer imprescindível) que no edital da licitação esteja prevista uma entidade com experiência e reputação para dirimir os eventuais litígios que possam surgir do contrato. Isso porque,

> Especialmente a definição já no edital de uma entidade com experiência e reputação tende a produzir resultados bastante positivos. Por um lado, pode servir para diminuir a resistência ao emprego da arbitragem, afastando definitivamente o temor de desvios de finalidade. Por outro, oferece mais segurança e previsibilidade aos particulares interessados na parceria – podendo, no sentido antes indicado, implicar propostas que reflitam essa adicional diminuição de riscos.[203]

Com efeito, a prática tem mostrado que a arbitragem institucional é a melhor opção, pois oferece mais segurança às partes.[204] Ainda que a arbitragem *ad hoc* possa trazer uma redução de custos, esse modelo exige das partes uma atenção redobrada na escolha do árbitro. Como destaca Francisco José Cahali, a arbitragem *ad hoc* exige *"uma escolha do árbitro muito bem feita, recaído em profissional de extrema confiança das partes, com aptidão e experiência para tão específica atuação, além de uma adequada delimitação pelas partes de critérios e parâmetros na convenção arbitral, tudo para preservar a validade e eficácia da solução arbitral".*[205]

Luiz Antonio Scavone Júnior também destaca alguns riscos adicionais na escolha da arbitragem *ad hoc*. Para o referido autor, *"o risco de nulidade, por evidente, é substancialmente maior, além de ensejar discussões acerca do procedimento detalhado na cláusula ou no compromisso arbitral".*[206]

---

art. 4º do Decreto, *"A arbitragem poderá ser institucional ou **ad hoc**. § 1º Será dada preferência à arbitragem institucional, devendo ser justificada a opção pela arbitragem **ad hoc**."*

[203] TALAMINI, Eduardo. Arbitragem e parceria público-privada. In: TALAMINI, Eduardo; JUSTEN, Monica Spezia (coords.). *Parcerias Público-Privadas*: um enfoque multidisciplinar. São Paulo: Revista dos Tribunais, 2005, p. 352.

[204] BERALDO, Leonardo de Faria. Curso de Arbitragem. São Paulo: Atlas, 2014, p. 31.

[205] CAHALI, Francisco José. *Curso de arbitragem*. 5. ed. rev. atual. e amp. São Paulo: Revista dos Tribunais, 2015, p. 149.

[206] SCAVONE JUNIOR, Luiz Antonio. Manual de arbitragem, 3ª ed., São Paulo: Revista dos Tribunais, 2009, p. 58.

Ainda no âmbito das parcerias público-privadas, há diversas leis estaduais prevendo a arbitragem como meio idôneo para dirimir conflitos advindos dos contratos firmados. A título de exemplo, podemos citar a Lei paulista de PPP (Lei nº 11.688/2004, artigo 11), a Lei de Goiás (Lei 14.910/2004, artigo 15) e a Lei da Bahia (Lei nº 9.290/2004, artigo 9º).

Diferentemente da lei federal de PPP, muitas dessas leis estaduais exigem que a arbitragem se dê de forma institucional.

Reza o artigo 11 da Lei paulista de PPP (Lei nº 11.688/2004):

> Art. 11 – Os instrumentos de parceria público-privada poderão prever mecanismos amigáveis de solução das divergências contratuais, inclusive por meio de arbitragem, nos termos da legislação em vigor.
> Parágrafo único – Na hipótese de arbitramento, **os árbitros deverão ser escolhidos dentre os vinculados a instituições especializadas na matéria e de reconhecida idoneidade.** (grifado)

Da mesma forma, o artigo 9º da Lei de PPP da Bahia prevê que:

> Art. 9º – Os instrumentos de parceria público-privada poderão prever mecanismos amigáveis de solução das divergências contratuais, inclusive por meio de arbitragem, nos termos da legislação em vigor.
> § 1º – Na hipótese de arbitragem, **os árbitros deverão ser escolhidos dentre os vinculados a instituições especializadas na matéria e de reconhecida idoneidade.**
> § 2º – A arbitragem terá lugar na Cidade do Salvador – Bahia, em cujo foro serão ajuizadas, se for o caso, as ações necessárias para assegurar a sua realização e a execução da sentença arbitral. (grifado)

No mesmo sentido dos dispositivos legais acima transcritos, o artigo 15 da Lei de PPP do Estado de Goiás determina:

> Art. 15 – Os instrumentos de parcerias público-privadas poderão prever, nos termos da legislação em vigor, mecanismos amigáveis de solução das divergências contratuais, inclusive por meio de arbitragem, na qual **os árbitros deverão ser escolhidos dentre os**

vinculados a instituições especializadas na matéria e de reconhecida idoneidade.

Parágrafo único – A arbitragem terá lugar na Capital do Estado, em cujo foro serão ajuizadas, se for o caso, as ações necessárias para assegurar a sua realização e a execução da sentença arbitral.

Da mesma forma, a Lei Mineira de Arbitragem (Lei Estadual nº 19.477/11) exige que o juízo arbitral seja instituído de forma institucional ("Art. 4º O juízo arbitral, para os fins desta Lei, instituir-se-á exclusivamente por meio de órgão arbitral institucional").

Portanto, na ausência de lei determinando o tipo de arbitragem que poderá ser instaurada, ambas parecem ser admissíveis. Ainda que a opção pela arbitragem institucional seja muito mais adequada, na medida em que pode proporcionar uma maior sensação de segurança às partes litigantes, a utilização da arbitragem *ad hoc* mostra-se (sempre do ponto de vista jurídico) possível.

Isso porque, mesmo numa arbitragem *ad hoc*, há meios de se preservar a segurança que uma Câmara especializada transmitiria ao litígio, sendo o principal deles escolhendo árbitros que gozem de boa reputação e que garantam a seriedade do litígio.

Além disso, o processo arbitral poderá ter a sua idoneidade preservada mediante o respeito de todas as garantias fundamentais previstas pela própria Lei de Arbitragem, bem como pelos meios judiciais de controle.[207]

Não podemos deixar de consignar, porém, que uma arbitragem *ad hoc*, no âmbito de um contrato administrativo, seria, no mínimo, muito difícil de ser implementada. Basta verificar que todos os procedimentos do litígio (previstos nos regulamentos das câmaras arbitrais) teriam de ser criados ou, no mínimo, aprovados pelas partes litigantes. Apenas por esse detalhe já seria possível perceber o quão difícil seria a aplicação prática de uma arbitragem *ad hoc* pela Administração Pública.

Nos contratos administrativos (sobretudo no setor de energia elétrica), a Administração Pública tem optado pela utilização da arbitragem institucional.

---

[207] TALAMINI, Eduardo. Arbitragem e parceria público-privada. In: TALAMINI, Eduardo; JUSTEN, Monica Spezia (coords.). *Parcerias Público-Privadas*: um enfoque multidisciplinar. São Paulo: Revista dos Tribunais, 2005, p. 352.

Até o momento, todos os contratos de concessão para geração de energia elétrica (que possuem cláusula compromissória) deixaram consignado que os litígios, controvérsias ou discordâncias advindos desses contratos, quando submetidos à arbitragem, serão regidos pelo Regulamento de Arbitragem da Câmara de Comércio Internacional – CCI.[208]

6.1.2 Regra para o setor de comercialização

No setor da comercialização de energia elétrica, a possibilidade de utilização da arbitragem *ad hoc* foi expressamente afastada, pelo menos nos litígios abarcados pela Convenção Arbitral firmada entre os Agentes da CCEE e a CCEE, ou seja, quando os litígios estiverem fundados nas relações estabelecidas ao amparo do Estatuto Social da CCEE e da Convenção de Comercialização.

Na linha do exposto no item 5.3, acima, após a aprovação do texto da convenção de arbitragem na 32ª Assembleia Geral Extraordinária da CCEE, foi eleita, na mesma Assembleia, a Câmara FGV de Mediação e Arbitragem para conduzir todo e qualquer litígio arbitral instaurado entre os agentes integrantes da CCEE.

Assim, nas hipóteses abarcadas pela Convenção Arbitral, não apenas optou-se pela arbitragem institucional, como houve a vinculação da Câmara da FGV.

---

[208] Como exemplo, citemos o contrato de concessão nº 01/2010-MME-UHE Belo Monte, que tem por objeto o uso de bem público para geração de energia elétrica, que celebram a União e a Empresa Norte Energias S.A. Reza a Cláusula décima quinta do contrato que *"quaisquer litígios, controvérsias ou discordâncias relativas às indenizações eventualmente devidas quando da extinção do presente Contrato, inclusive quanto aos bens revertidos, serão definitivamente resolvidos por arbitragem, de acordo com o Regulamento de Arbitragem da Câmara de Comércio Internacional – CCI (doravante simplesmente denominado 'Regulamento de Arbitragem'), observadas as disposições da presente Cláusula e da Lei nº 9.307, de 23 de setembro de 1996."*

6.2 A previsão da arbitragem no edital de licitação

6.2.1 Regra para os contratos de geração, distribuição e transmissão

Outro ponto que pode trazer questionamentos práticos na arbitragem envolvendo os contratos firmados pela Administração refere-se à necessidade (ou não) de a arbitragem estar prevista no edital de licitação.

Com base na legislação em vigor, constata-se que a previsão da arbitragem não representa um item necessário do edital, muito menos uma cláusula obrigatória do contrato que será firmado.

Portanto, do ponto de vista exclusivamente jurídico, não haveria a obrigatoriedade de que a arbitragem estivesse prevista no edital.[209] Na ausência de previsão, as partes, caso se deparem com um litígio envolvendo direitos patrimoniais disponíveis, podem firmar um documento apartado, denominado *compromisso arbitral*.

A própria Lei de Arbitragem assim autoriza:

> Art. 9º O compromisso arbitral é a convenção através da qual as partes submetem um litígio à arbitragem de uma ou mais pessoas, podendo ser judicial ou extrajudicial.
> (...)
> § 2º O compromisso arbitral extrajudicial será celebrado por escrito particular, assinado por duas testemunhas, ou por instrumento público.

Há, inclusive, jurisprudência reconhecendo a desnecessidade de previsão do compromisso arbitral no edital de licitação. Nesse sentido, confira-se o julgado do Tribunal de Justiça do Estado do Paraná:

COMPROMISSO ARBITRAL – SOCIEDADE DE ECONOMIA MISTA –PERSONALIDADE JURÍDICA DE DIREITO PRIVADO – EXPLORAÇÃO DE GÁS CANALIZADO NÃO CARACTERIZA

---
[209] Em sentido contrário, Gustavo Henrique Justino de Oliveira entende existir a necessidade de previsão expressa da cláusula arbitral já no edital da licitação, em observância §2º, art. 4º, da Lei de Arbitragem. (A Arbitragem e as Parcerias Público-Privadas. In: SUNDFELD, Carlos Ari (coord.). Parceiras público-privadas. São Paulo: Malheiros, 2011. p. 628-630).

PRESTAÇÃO DE SERVIÇO PÚBLICO, MAS ATIVIDADE DE REGIME PRIVADO – NÃO ENVOLVE DIREITOS INDISPONÍVEIS – CONTRATO ADMINISTRATIVO – ADMISSIBILIDADE DA ARBITRAGEM – VÍCIOS DO COMPROMISSO NÃO CONFIGURADOS – RECURSO IMPROVIDO. A atividade desenvolvida pela autora, ou seja, a exploração dos serviços de gás canalizado, não constitui prestação de serviço público, mas atividade que se compreende no regime jurídico próprio das empresas privadas (Constituição Federal, art. 173, § 1º, II). **O fato de envolver licitação não significa obstáculo para que as partes resolvam seus conflitos por arbitragem**. Admissível nos contratos administrativos a solução dos conflitos por meio de compromisso arbitral.
(...)
15. **Em quinto lugar, desnecessária a previsão do compromisso arbitral no edital de licitação e no contrato celebrado entre as partes. O que importa é a possibilidade de adoção da arbitragem no caso concreto**, uma vez que não versa sobre direitos indisponíveis. Não afeta direito de terceiros a falta de menção no edital, uma vez que a solução do conflito por arbitragem diz respeito a readequação econômico-financeira do contrato e não se cuida de forma evidente de aumento de valores do preço. O conflito surge da falta de previsão de detalhes no edital de licitação e no próprio contrato, o que é natural e previsível. (TJPR – AC, nº do Acórdão 18014, Rel. Lauro Laertes de Oliveira, j. 11/02/2004)

Esse mesmo entendimento foi aplicado pelo Superior Tribunal de Justiça:

PROCESSO CIVIL. RECURSO ESPECIAL. LICITAÇÃO. ARBITRAGEM. VINCULAÇÃO AO EDITAL. CLÁUSULA DE FORO. COMPROMISSO ARBITRAL. EQUILÍBRIO ECONÔMICO FINANCEIRO DO CONTRATO. POSSIBILIDADE.
(...)
5. Tanto a doutrina como a jurisprudência já sinalizaram no sentido de que não existe óbice legal na estipulação da arbitragem pelo poder público, notadamente pelas sociedades de economia mista, admitindo como válidas as cláusulas compromissórias previstas em editais convocatórios de licitação e contratos.

6. O fato de não haver previsão da arbitragem no edital de licitação ou no contrato celebrado entre as partes não invalida o compromisso arbitral firmado posteriormente.
7. A previsão do juízo arbitral, em vez do foro da sede da administração (jurisdição estatal), para a solução de determinada controvérsia, não vulnera o conteúdo ou as regras do certame.
8. A cláusula de eleição de foro não é incompatível com o juízo arbitral, pois o âmbito de abrangência pode ser distinto, havendo necessidade de atuação do Poder Judiciário, por exemplo, para a concessão de medidas de urgência; execução da sentença arbitral; instituição da arbitragem quando uma das partes não a aceita de forma amigável. (...)" (REsp 904813/PR, Rel. Min. NANCY ANDRIGHI, 3ª T., j. 20/10/2011, DJe 28/02/2012).

Muito embora não exista a obrigatoriedade de se prever a arbitragem no edital de licitação, é extremamente recomendável que a Administração Pública assim o faça.

Eduardo Talamini ressalta dois aspectos para justificar as vantagens de se prever a arbitragem no edital da licitação.

> Por um lado, permite à Administração, nos casos em que lhe pareça conveniente, assegurar-se de antemão do futuro e eventual emprego da arbitragem. Ao participar da licitação cujo edital prevê a arbitragem, e ao assinar o contrato que repete a previsão, o particular desde logo concorda com o emprego da arbitragem.
>
> Por outro, a predefinição da via arbitral pode servir para incentivar mais e melhores propostas no processo licitatório. A prévia indicação de que, se necessário, recorrer-se-á à arbitragem pode funcionar como um fator positivo na avaliação de riscos feita pelos potenciais interessados na contratação. A perspectiva de que eventuais litígios serão solucionados de modo mais célere e por julgadores especializados na matéria pode significar uma diminuição de riscos.[210]

---

[210] TALAMINI, Eduardo. Arbitragem e parceria público-privada. In: TALAMINI, Eduardo; JUSTEN, Monica Spezia (coords.). *Parcerias Público-Privadas*: um enfoque multidisciplinar. São Paulo: Revista dos Tribunais, 2005, p. 350/351.

Nessa linha, muito embora a arbitragem não necessite estar obrigatoriamente prevista no edital de licitação, é recomendável que a Administração assim o faça, tendo em vista os diversos benefícios que poderá trazer à concorrência.

Dentre esses benefícios, está o fato de que a previsão da arbitragem no edital poderá incentivar melhores propostas. A certeza de que determinados e eventuais litígios serão dirimidos de forma mais célere e por julgadores especializados poderá servir para diminuir os riscos da contratação e, consequentemente, incentivar uma maior concorrência.

6.2.2 Regra para o setor de comercialização

No âmbito da comercialização de energia elétrica, diante da estrutura do setor, todos os Agentes e a CCEE estão vinculados pela convenção de comercialização e pela convenção arbitral à utilização da arbitragem.[211]

Justamente por isso, os editais de licitação lançados pela ANEEL para compra e venda de energia no Ambiente de Contratação Regulada – ACR preveem a utilização da arbitragem.

Contudo, mesmo na eventual ausência de cláusula arbitral no edital lançado pela ANEEL para a venda de energia elétrica no ambiente regulado, os agentes continuariam vinculados à convenção arbitral firmada e, portanto, sujeitos à arbitragem.

6.3 Local da arbitragem e o idioma a ser utilizado no litígio

Numa arbitragem envolvendo exclusivamente entes privados, as partes litigantes possuem ampla liberdade para escolher o local em que o litígio será processado, o local em que a sentença será proferida, bem como o idioma a ser utilizado no procedimento arbitral.

A própria Lei de Arbitragem não apenas admite essa possibilidade, mas obriga que já no compromisso arbitral seja previsto o local em que a sentença será proferida (inciso IV do artigo 10 da Lei 9.307/96).

---

[211] Esse ponto foi tratado de forma mais aprofundada no capítulo 5.

Essa previsão tem especial relevância para verificar se estaremos diante de uma sentença arbitral estrangeira ou nacional.

Caso a sentença arbitral seja proferida fora do território nacional, será considerada sentença estrangeira e precisará ser homologada pelo Superior Tribunal de Justiça (artigos 34 e 35 da Lei 9.307/96; artigo 105, inciso I, "i"', acrescido pela Emenda Constitucional nº 45/2004, que transferiu a competência do Supremo Tribunal Federal para o Superior Tribunal de Justiça).

Caso seja proferida em território nacional, estaremos diante de uma sentença arbitral nacional – que poderá ser executada diretamente perante o Poder Judiciário, tal como determina o art. 515, inciso VII do Novo Código de Processo Civil.

Portanto, em um litígio arbitral envolvendo apenas particulares, as regras de competência previstas no artigo 53 do Novo Código de Processo Civil (antigo art. 100 do CPC) podem ser afastadas.

6.3.1 Regra para os contratos de geração, distribuição e transmissão

Resta saber, então, como será a regra do local da arbitragem caso o litígio também envolva algum ente da Administração Pública.

Nos termos dos §§ 1º e 2º do art. 109 da CF/88:

> Art. 109. Aos juízes federais compete processar e julgar:
> (...)
> § 1º As causas em que a União for autora serão aforadas na **seção judiciária onde tiver domicílio a outra parte**.
> § 2º As causas intentadas contra a União poderão ser aforadas na **seção judiciária em que for domiciliado o autor, naquela onde houver ocorrido o ato ou fato que deu origem à demanda ou onde esteja situada a coisa, ou, ainda, no Distrito Federal**.

O §2º do artigo 55 da Lei 8.666/93 estipula:

> Art. 55. São cláusulas necessárias em todo contrato as que estabeleçam:
> § 2º Nos contratos celebrados pela Administração Pública com pessoas físicas ou jurídicas, inclusive aquelas domiciliadas no estrangeiro,

deverá constar necessariamente cláusula que **declare competente o foro da sede da Administração para dirimir qualquer questão contratual**, salvo o disposto no § 6º do art. 32 desta Lei.

Em que pese existir previsão constitucional e legal determinando o foro em que a Administração Pública irá litigar, tais regras não parecem se estender à arbitragem.

As imposições dos §§ 1º e 2º do art. 109 da CF/88, bem como do 2º do artigo 55 da Lei 8.666/93 (por exemplo) devem ser aplicadas apenas se e quando a Administração Pública submeter o litígio ao Poder Judiciário.

Nesse ponto, leciona Carlos Alberto Carmona:

> o texto legal exige, isso sim, que se as partes tiverem que acorrer ao Poder Judiciário, será competente o juízo do foro da sede da Administração, e não órgão judicial situado em outra região geográfica. Explico: **o vocábulo foro, na técnica processual, significa território, indicando, portanto, um local** (Município ou pluralidade de Municípios sujeitos à competência de um ou vários juízes, ou ainda, como ocorre na Justiça Federal, o espaço geográfico que forma a seção judiciária) **onde o juiz exerce a jurisdição**.[212] (grifado)

Portanto, também a Administração Pública, ao litigar perante um juízo arbitral, poderá pactuar o local onde a arbitragem irá se desenvolver e onde a sentença arbitral será proferida. Nesse ponto, fazemos apenas uma ressalva: a de que *a sentença arbitral seja proferida em território nacional.*

Ademais, o local da sentença (território nacional) e o idioma a ser utilizado são as únicas restrições impostas pelas Leis que preveem a arbitragem como meio idôneo para dirimir conflitos envolvendo a Administração Pública.

O artigo 23-A da Lei de Concessões (Lei. 8.987/93) estabelece que a arbitragem será "*[...] realizada no Brasil e em língua portuguesa, nos termos da Lei nº 9.307, de 23 de setembro de 1996*" (grifado).

---

[212] CARMONA, Carlos Alberto. Arbitragem e Processo, Comentário à Lei 9307/96, 3ª edição, São Paulo: Ed. Atlas, 2009, p 48.

De forma idêntica, o inciso III do artigo 11 da Lei 11.079/2004 (Lei de PPP) estabelece que a arbitragem será *"[...] realizada no Brasil e em língua portuguesa, nos termos da Lei nº 9.307, de 23 de setembro de 1996, para dirimir conflitos decorrentes ou relacionados ao contrato"* (grifado).

No que se refere ao idioma da arbitragem, muito embora as referidas leis exijam (e é adequado que assim o façam) que a arbitragem seja realizada em língua portuguesa, nada impede que também se faça mediante o emprego simultâneo de outro idioma. Trata-se, inclusive, de uma prática comum na arbitragem e pode ser interessante caso alguma empresa estrangeira seja parte no litígio.

Essa prática vem sendo utilizada também nos contratos firmados no setor de energia elétrica. Nos contratos de concessão firmados pela União, destinados à geração de energia elétrica, vêm se prevendo que a arbitragem seja sediada em Brasília/DF, Brasil, em língua portuguesa, devendo a parte que quiser produzir provas em idioma estrangeiro, inclusive a oitiva de testemunhas, providenciar a necessária tradução.[213]

6.3.2 Regra para o setor de comercialização

No âmbito da comercialização de energia, ainda que o conflito envolva exclusivamente empresas privadas, as arbitragens decorrentes dessas relações contratuais serão conduzidas no idioma português, tal como reza a cláusula 20 da Convenção Arbitral firmada entre os agentes da CCEE e a CCEE (*"CLÁUSULA 20 – O idioma aplicável ao procedimento de arbitragem previsto neste regulamento será o português"*).

Contudo, nada impede que a arbitragem também seja conduzida mediante o emprego simultâneo de outro idioma – possibilidade essa também admitida nas arbitragens decorrentes de relações contratuais firmadas pela Administração Direta ou Indireta.

No que tange ao local da arbitragem, a Convenção Arbitral consignou que ele deverá ser indicado pelas partes ou, na ausência de acordo quanto a isso, pela Câmara.[214]

---

[213] Subcláusula terceira do contrato de concessão nº 02/2014-MME-UHE São Manuel, firmado entre a União e a empresa concessionária.

[214] CLÁUSULA 21 da Convenção Arbitral: "O local de cada procedimento de arbitragem deverá ser indicado no Compromisso Arbitral assinado pelas PARTES ou, caso as PARTES não entrem em acordo, designada pela Câmara".

Portanto, assim como apontado no item anterior, as partes poderão pactuar o local onde a arbitragem irá se desenvolver e onde a sentença arbitral será proferida. Contudo, mantemos a ressalva de que *a sentença arbitral seja proferida em território nacional.*

6.4 A questão da confidencialidade

Com exceção dos litígios que seguirão em segredo de justiça por determinação legal expressa, a arbitragem (mediante autorização existente nos regulamentos das Câmaras arbitrais) proporciona a possibilidade de sigilo de suas atividades.

Conforme ressalta Paulo Osternack AMARAL, a confidencialidade é, inclusive:

> uma garantia que os regulamentos de arbitragem fazem questão de deixar clara, como mais uma vantagem do processo arbitral frente o estatal. É o que se extrai, por exemplo, dos regulamentos da Câmara de Comércio Internacional – CCI (art. 6º do Apêndice I), da Câmara de Mediação e Arbitragem de São Paulo (item 17.4) e do Centro de Arbitragem da Câmara Americana de Comércio – Amcham (item 15.1).[215]

Porém, o sigilo conferido pela arbitragem é apenas uma possibilidade, ou seja, apenas *poderá* ser invocado – nada impedindo que as partes abram mão desse privilégio.

6.4.1 Regra para os contratos de geração, distribuição e transmissão

Em se tratando de arbitragem envolvendo a Administração Pública, em razão do princípio constitucional da publicidade (art. 37, *caput*, da CF), a *possibilidade* do sigilo deve ser afastada.

---

[215] AMARAL, Paulo Osternack. Vantagens, desvantagens e peculiaridades da arbitragem envolvendo o Poder Público, In: TALAMINI, Eduardo; PEREIRA, Cesar A. Guimarães (coords.). Arbitragem e poder público. São Paulo: Saraiva, 2010, p. 340.

Segundo Celso Antônio Bandeira de Mello,[216] o princípio da publicidade representa o dever de transparência da atividade administrativa para que os administrados possam conferir se a atividade está sendo bem ou mal conduzida.

Portanto, o respeito ao princípio da publicidade também representa uma forma de assegurar o controle (pela sociedade) da atividade jurisdicional exercida pelo árbitro.

Nos dizeres de Humberto Theodoro Júnior:[217]

> Na prestação jurisdicional há um interesse público maior do que o privado defendido pelas partes. É a garantia da paz e harmonia social, procurada através da manutenção da ordem jurídica. Todos, e não apenas os litigantes, têm direito a conhecer e acompanhar tudo o que se passa durante o processo.

Com isso, THEODORO JÚNIOR conclui que *"Por isso, a justiça não pode ser secreta, nem podem ser as decisões arbitrárias, impondo-se sempre a sua motivação, sob pena de nulidade".*

Contudo, há quem entenda que o sigilo dos atos praticados durante o procedimento arbitral não feriria o princípio da publicidade. José Emílio NUNES PINTO defende que:

> A Administração e seus agentes, por expressa disposição constitucional (art. 70 e seu parágrafo único da Constituição Federal), estão submetidos à obrigação da fiscalização contábil, financeira, orçamentária, operacional e patrimonial, seja do Poder Legislativo, por meio dos Tribunais de Contas, seja pelo sistema do controle interno de cada poder. Entendemos que a aplicação do princípio da publicidade estará satisfeito na medida em que as partes sujeitas a tal obrigação

---

[216] BANDEIRA DE MELLO, Celso Antônio. *Curso de direito administrativo*. 32. ed. São Paulo: Malheiros, 2015, p. 87-88.
[217] THEODORO JÚNIOR, Humberto. Curso de Direito Processual. 47ª ed., Rio de Janeiro: Forense, 2007, v. 1, 35.

reportem a esses órgãos de controle o andamento e resultados da arbitragem.[218] (grifado)

De todo modo, esse entendimento não parece estar alinhado com a exigência imposta pelo § 3º do art. 1º da Lei de Arbitragem, segundo o qual *"A arbitragem que envolva a administração pública será sempre de direito e respeitará o princípio da publicidade".*

Assim, caso o litígio arbitral não envolva matérias que, de forma motivada, justifiquem o sigilo do litígio por razões de interesse coletivo, o princípio constitucional da publicidade deve ser respeitado.

6.4.2 Regra para o setor de comercialização

No âmbito da comercialização de energia, a Convenção Arbitral firmada entre os Agentes da CCEE e a CCEE deixou em destaque a possibilidade de as partes se valerem da prerrogativa de manterem a confidencialidade do litígio.

Essa interpretação decorre das seguintes Cláusulas constantes da Convenção Arbitral:

> CLAUSULA 13 – Ao receber o requerimento de arbitragem, e *mantendo a confidencialidade de informações, quando requerido expressamente pelo Agente*, a Câmara enviará a todos os SIGNATARIOS copia do requerimento de arbitragem, no prazo de 10 (dez) dias a contar de seu recebimento, para que os interessados, no prazo de 5 (cinco) dias a contar de seu recebimento, manifestem a intenção de integrar um dos polos da relação arbitral.
>
> CLAUSULA 18 – As PARTES e quaisquer outros envolvidos em um determinado procedimento arbitral, inclusive os árbitros, testemunhas e membros da Câmara, deverão abster-se de comunicar, revelar ou disponibilizar a terceiros, no todo ou em parte, os documentos,

---

[218] NUNES PINTO, José Emílio. *Revista Brasileira de Arbitragem*, Rio de Janeiro, n 1, páginas 9-26, jan./mar. 2004.

dados e informações a que tiver acesso em razão de tal procedimento arbitral, salvo se houver autorização escrita, previa e expressa da(s) outra(s) Parte(s) envolvida(s).

Paragrafo 1º. Não serão consideradas informações confidenciais aquelas que qualquer uma das PARTES possa comprovar serem de domínio público. As informações serão consideradas de domínio publico se tiverem sido obtidas de outra fonte que não através do procedimento arbitral em questão e desde que não seja violado acordo de confidencialidade a que estiverem vinculadas as PARTES.

Paragrafo 2º. Não obstante o acima exposto, referidas informações confidenciais poderão ser divulgadas por exigência das leis aplicáveis ou por ordem, decreto, regulamento ou norma governamental ou, ainda, conforme exigido por qualquer intimação legal ou outro procedimento atinente a processos judiciais, administrativos ou arbitrais.

Ao que se infere das referidas cláusulas da Convenção Arbitral, a confidencialidade foi expressamente permitida nos litígios arbitrais decorrentes de contratos firmados no âmbito da CCEE.

No entanto, e como destacamos acima, nem todos os Agentes comercializadores são empresas puramente privadas, havendo, por exemplo, significativo número de geradoras (integrantes da Administração Pública indireta) comercializando energia.

Nessas situações em que uma das partes seja integrante da Administração Pública, não podemos nos afastar das conclusões apresentadas no subitem acima, de que, em razão do princípio constitucional da publicidade (art. 37, *caput*, da CF), a *possibilidade* do sigilo (conferida pela Convenção Arbitral) deve ser afastada.

Esse entendimento se confirmou pela redação dada ao par. 3º do art. 1º da Lei de Arbitragem (introduzido pela Lei 13.129, de 26 de maio de 2015), segundo o qual a arbitragem envolvendo a administração pública deverá ser sempre de direito e *respeitará o princípio da publicidade.*

Tal dispositivo, introduzido pela Lei 13.129/15, não se mostra, contudo, contrário à Convenção Arbitral firmada. Nos termos da sua Cláusula 18, parágrafo 2º, as informações confidenciais poderão ser divulgadas *por exigência das leis aplicáveis* ou por ordem, decreto, regulamento ou norma governamental ou, ainda, conforme exigido por qualquer intimação legal ou outro procedimento atinente a processos judiciais, administrativos ou arbitrais.

Sendo assim, na medida em que há Lei impedindo (em situações normais) a confidencialidade em litígios arbitrais envolvendo entes da Administração Pública, aplica-se ao caso o parágrafo 2º da Cláusula 18 da Convenção Arbitral firmada entre a CCEE e seus Agentes.

Com isso, a confidencialidade desses litígios arbitrais poderá ou não ser aplicada. O critério será identificar se uma das partes é, ou não, integrante da Administração Pública.

Nesse ponto, cabe registrar que a publicidade das sentenças arbitrais referentes aos contratos de comercialização de energia elétrica traria efeitos positivos ao mercado. Segundo Gustavo Fernandes de Andrade,

> O conhecimento detalhado dos precedentes das questões envolvendo a comercialização de energia no Brasil, proferidos por especialistas renomados na matéria, indubitavelmente traria maior previsibilidade para o mercado, com inegáveis vantagens para os órgãos reguladores, os participantes e o consumidor final. A exemplo do que ocorre nos processos administrativos conduzidos pelo Conselho Administrativo de Defesa Econômica, poder-se-ia assegurar o sigilo de certas informações sensíveis produzidas no curso do procedimento arbitral, que poderiam ficar registradas em autos apartados, e, simultaneamente, franquear a todos os interessados o conhecimento das sentenças proferidas de acordo com as regras da Convenção Arbitral CCEE, assegurando-se, logicamente, a privacidade do procedimento.[219]

Com efeito, é inegável que a divulgação das sentenças arbitrais traria benefícios imensos ao setor, na medida em que garantiria maior previsibilidade para o mercado. Ou seja, o conhecimento dessas sentenças arbitrais teria um importante papel educativo para os agentes participantes do mercado de comercialização, que, conhecedores das discussões e do entendimento

---

[219] Algumas reflexões sobre as arbitragens e as regras da Câmara de Comercialização de Energia Elétrica – CCEE, Revista de Direito da Procuradoria Geral, Rio de Janeiro (67), 2013, p. 103.

manifestado pelos árbitros, poderiam atuar de modo a evitar determinadas condutas.

6.5 Legislação a ser aplicada

6.5.1 Regra para os contratos de geração, distribuição e transmissão

A Lei de Arbitragem ampliou consideravelmente a soberania da vontade das partes, dando a possibilidade de a arbitragem ser de direito ou de equidade.
É o que dispõe o artigo 2º da Lei 9.307/96:

> Art. 2º – A arbitragem poderá ser de direito ou de equidade, a critério das partes.
> Parágrafo 1º – Poderão as partes escolher, livremente as regras de direito que serão aplicadas na arbitragem, desde que não haja violação aos bons costumes e à ordem pública.
> Parágrafo 2º – Poderão também as partes convencionar que a arbitragem se realize com base nos princípios gerais de direito, nos usos e costumes e nas regras internacionais de comércio.

Contudo, diante de um litígio arbitral envolvendo um ente público, não parece haver dúvida de que a possibilidade de o árbitro decidir por meio de equidade deva ser afastada.

A aplicação do princípio da legalidade (CF, art. 37, *caput*) nos obriga a afirmar que a vontade da Administração é aquela que decorre da lei, ou seja, o Estado só está autorizado a fazer aquilo que a lei lhe autoriza.

Portanto, qualquer decisão arbitral que compelisse a Administração Pública a atuar de forma contrária à lei nacional e aos princípios gerais de direito público seria manifestamente inconstitucional.

Esse entendimento também se confirmou com a entrada em vigor do par. 3º do art. 1º da Lei de Arbitragem (introduzido pela Lei 13.129, de 26 de maio de 2015), segundo o qual a arbitragem envolvendo a administração pública *deverá ser sempre de direito*.

6.5.2 Regra para o setor de comercialização

Como já dito, os contratos firmados no âmbito da CCEE representam relações econômicas (ainda que fortemente reguladas) que, em muitos casos, ocorrem apenas entre empresas privadas que atuam como Agentes da CCEE comprando e vendendo energia.

Por essa razão, poder-se-ia cogitar que, nas arbitragens envolvendo exclusivamente essas empresas, seria possível adotar as prerrogativas conferidas pela Lei 9.307/96 – dentre elas a possibilidade de a arbitragem ser de direito ou de equidade (artigo 2º da Lei 9.307/96).

Contudo, nem todos os Agentes da CCEE são empresas privadas.

Em razão dessa peculiaridade do setor de comercialização é que a Convenção Arbitral firmada entre os Agentes da CCEE e a CCEE proibiu que os julgamentos dos litígios arbitrais se dessem por equidade (*CLÁUSULA 14 – Não será permitido o julgamento por equidade nos procedimentos instaurados perante a Câmara*).

Além disso, a Convenção Arbitral consignou a obrigatoriedade de aplicação da legislação brasileira (*"CLÁUSULA 22 – A legislação aplicável à solução dos CONFLITOS será a brasileira"*). Como podemos perceber, parte da autonomia da vontade conferida pela Lei 9.307/96 (art. 2º) foi consideravelmente relativizada – mesmo quando o litígio envolver empresas exclusivamente privadas.

Com efeito, não faria sentido ser diferente. Proibir o julgamento por equidade quando o litígio envolvesse empresa estatal e admitir quando as partes envolvidas fossem exclusivamente privadas geraria soluções distintas para casos absolutamente similares – o que ocasionaria grave desconforto e insegurança entre os Agentes.

6.6 Escolha e contratação da câmara arbitral e dos árbitros

Nesse ponto há duas relevantes discussões práticas a respeito da utilização da arbitragem nas relações contratuais firmadas pela Administração Pública.

A primeira delas se relaciona com a escolha (dentre as diversas opções existentes) de uma câmara arbitral para dirimir os futuros e eventuais litígios decorrentes do contrato; ou seja: questiona-se se, no caso de uma arbitragem institucional, a escolha de uma instituição arbitral em determinado edital de licitação e respectivo contrato exigiria, ou não, algum procedimento licitatório.

A segunda discussão se relaciona com a escolha dos árbitros que efetivamente irão dirimir o conflito já existente. Trata-se aqui de um momento posterior, em que a arbitragem prevista e já existe um conflito (envolvendo direitos patrimoniais disponíveis) aguardando a instauração do procedimento arbitral para ser dirimido.

Trata-se de questionamentos relevantes e que merecem ser devidamente enfrentados.

6.6.1 A escolha prévia de uma câmara arbitral no edital de licitação e respectivo contrato. Não incidência de licitação

As cláusulas compromissórias podem prever que os futuros e eventuais litígios arbitrais sejam solucionados por meio de uma arbitragem *ad hoc* ou *institucional*.

Optando-se pela arbitragem institucional (que é a mais comum e a mais indicada para solucionar litígios que tenham como parte a Administração Pública), surge a dúvida de como a Administração deverá proceder para escolher uma instituição arbitral (dentre as diversas existentes) para viabilizar a inserção de uma cláusula compromissória cheia nos editais e respectivos contratos.

A escolha de uma instituição arbitral no edital de licitação se faz sem a necessidade de um procedimento licitatório prévio, uma vez que não haverá, nesse momento, nenhuma contratação.

Nessa situação, pode a Administração observar alguns procedimentos internos, de modo a garantir a preservação das formalidades e o controle das escolhas efetuadas pela Administração Pública.

Cumpridas essas formalidades (tais como uma prévia pesquisa de mercado para verificar a especialidade e reputação da câmara arbitral, bem como se os preços praticados pela respectiva instituição condizem com os que são praticados no mercado), a escolha de determinada Instituição está inserida na esfera discricionária da Administração.

Até porque, como destacado, a simples *escolha* de uma câmara arbitral não caracteriza qualquer contratação, já que o surgimento de litígios envolvendo questões arbitráveis é incerto (muito embora bastante provável – ainda mais em se tratando de relações contratuais longas como são os contratos de concessão). Ademais, na prévia indicação de uma instituição arbitral no edital (e no contrato) sequer se cogita de um vínculo obrigacional com a entidade. Nessa esteira observa Carlos Alberto de Salles:[220]

> A escolha de uma instituição arbitral em determinado contrato administrativo e respectivo edital, de igual forma, não impõe maiores dificuldades. Não se verifica, também a esse propósito, necessidade de procedimento licitatório. Na verdade, na simples e prévia indicação de uma entidade arbitral no contrato sequer se cogita de um vínculo obrigacional com a entidade.

Basta verificar que a instituição arbitral sequer precisa ser comunicada de que, em determinado contrato, previu-se que alguns litígios serão solucionados sob os seus cuidados. Depois, nada impede que as partes contratantes, *em comum acordo*, decidam por bem submeter seus litígios a instituição arbitral diversa daquela prevista no edital e no contrato.

Imagine-se, por exemplo, um contrato de concessão assinado por 30 (trinta) anos em que se tenha previsto, na cláusula compromissória, determinada câmara arbitral. Surgido um litígio arbitrável após 20 (vinte) anos do início da sua execução, é perfeitamente possível que as partes (caso assim entendam) optem por outra instituição que, naquele momento, mostre-se mais adequada para solucionar litígios daquela natureza.

---

[220] ALBERTO DE SALLES, Carlos. Arbitragem em Contratos Administrativos, Rio de Janeiro: Forense, 2011, p. 280. Trata-se, sem dúvidas nenhuma, de um entendimento relevante e que dá uma considerável segurança à Administração Pública no momento da escolha de uma instituição arbitral em seus editais e respectivos contratos. Isso porque o referido autor, além de ser professor da Universidade de São Paulo e notório especialista no assunto, foi membro do Ministério Público Paulista e, atualmente, é Desembargador do Tribunal de Justiça de São Paulo. Com isso, queremos concluir que, em alguma medida, esse posicionamento reflete o entendimento doutrinário de um membro da Câmara de Direito Público do Tribunal de Justiça Paulista que, possivelmente, enfrentará discussões dessa natureza.

Sendo assim, na linha do acima exposto, a simples previsão de uma instituição arbitral no edital de licitação e no respectivo contrato prescinde de qualquer procedimento licitatório formal.

6.6.2 A escolha do(s) árbitro(s). Não incidência de licitação

Apresentada a discussão quanto à escolha da instituição arbitral, surge a questão de como a Administração Pública deverá escolher os árbitros que efetivamente irão solucionar determinado litígio.

Trata-se de um fato relevante não apenas para o ente público, mas também para a própria instauração do litígio. Nos termos do art. 19 da Lei nº 9.307/96, a arbitragem apenas será instituída quando aceita a nomeação pelo árbitro, se for único, ou por todos, se forem vários.

Portanto, e sob pena de praticamente inviabilizar (por questões absolutamente procedimentais) a utilização da arbitragem nos contratos firmados pela Administração Pública, a forma de escolha e contratação dos árbitros não pode gerar dúvidas ou inseguranças.

Pelas peculiaridades dessa indicação, trata-se de um vínculo extremamente singular e que, por essa razão, inviabiliza qualquer forma de competição que possa justificar a instauração de um procedimento licitatório – ainda que seja na forma de *inexigibilidade de licitação*.[221]

---

[221] A esse respeito, Carlos Alberto Salles defende que a escolha dos árbitros deve seguir o regime da inexigibilidade de licitação: "Considerando para esse fim os parâmetros estabelecidos pela Lei de Licitações (Lei 8.666/93), que ocupa um papel de lei geral de contratos administrativos, é caso de inexigibilidade de licitação, por mostrar-se inteiramente inviável a competição para definição de quem será árbitro indicado" (Arbitragem em Contratos Administrativos, Rio de Janeiro: Forense, 2011, p. 279). Da mesma forma, Paulo Osternack Amaral reconhece que "A escolha da câmara arbitral ou do árbitro pelo administrador não exigirá a realização de prévia licitação pública. Nesse caso, o processo licitatório seria de todo inadequado, pois o interesse estatal não poderia ser satisfeito por uma prestação padrão. A contratação do árbitro ou da câmara arbitral envolve peculiaridades (reputação, especialidade na matéria objeto do litígio etc.) que escapam aos padrões de normalidade." (Arbitragem e administração pública, aspectos processuais, medidas de urgência e instrumentos de controle. Belo Horizonte: Fórum, 2012, p. 75).

Para justificar esse raciocínio, destacamos, sem prejuízo de outros que possam ser identificados, 3 (três) fundamentos.

O primeiro deles refere-se ao fato de que o(s) árbitro(s) deve(m) ser escolhido(s) *pelas partes* do litígio (art. 13, §1º, da Lei 9.307/96),[222] ou seja, tanto pela Administração quanto pelo particular. Evidentemente, qualquer procedimento licitatório nesse sentido (ainda que seguindo as formalidades da inexigibilidade de licitação, prevista na Lei 8.666/93) afastaria a capacidade de escolha do ente privado – o que contrariaria expressamente a Lei de Arbitragem.

Em segundo lugar, o árbitro não estabelece uma relação apenas com a parte que o indicou, mas, diante de seu dever de imparcialidade, tal relação se estabelece às duas partes. Basta verificar que não há relação contratual específica entre o árbitro e a parte que o indicou, tanto que todas as partes do litígio podem se responsabilizar pelo pagamento dos honorários arbitrais. Caso contrário, os árbitros funcionariam quase como assistentes técnicos – o que frustraria os seus deveres de imparcialidade e independência (art. 13, §6º, da Lei 9.307/96). Nesse sentido vem se manifestando a doutrina:[223]

> trata-se de vínculo contratual de natureza muito singular, seja pela maneira como se dá sua formação, mediante indicação e aceitação, seja pelo tipo de vínculo formado, tendo escopo limitado à solução do litígio, sem correspondência aos interesses materiais das partes. Mesmo não se tratando de árbitro único, cuja escolha depende de consenso entre as partes, o árbitro integrante de um painel não estabelece uma relação contratual apenas com a parte que o indicou. Ao contrário, diante de seu dever de imparcialidade, essa relação se estabelece com as duas partes.

Por fim, importa destacar uma característica legalmente conferida aos árbitros, que é possuir a *confiança* das partes (art. 13, caput, da Lei de Arbitragem: *"Pode ser árbitro qualquer pessoa capaz e que tenha a confiança das partes"*).

---

[222] "Art. 13. Pode ser árbitro qualquer pessoa capaz e que tenha a confiança das partes. § 1º As partes nomearão um ou mais árbitros, sempre em número ímpar, podendo nomear, também, os respectivos suplentes."

[223] ALBERTO DE SALLES, Carlos. Arbitragem em Contratos Administrativos, Rio de Janeiro: Forense, 2011, p. 279.

Também por esse aspecto (o da confiança), que deve existir tanto para o ente privado quanto para o Público, reconhecemos a absoluta inaplicabilidade da Lei 8.666/93.[224]

Ao analisar o Decreto 8.465, que tem o objeto explícito de regulamentar o art. 62, § 1º, da Lei 12.815 (que dispõe sobre a exploração direta e indireta pela União de portos e instalações portuárias e sobre as atividades desempenhadas pelos operadores portuários), Cesar Pereira traz importantes contribuições para o tema.

O referido dispositivo, regulamentado pelo Decreto 8.465, diz respeito ao "inadimplemento, pelas concessionárias, arrendatárias, autorizatárias e operadoras portuárias no recolhimento de tarifas portuárias e outras obrigações financeiras perante a administração do porto e a Antaq". Prevê expressamente que esse tema pode ser resolvido mediante arbitragem.

O art. 7º, § 3º, do Decreto 8.465 afirma que "A escolha de árbitro ou de instituição arbitral será considerada contratação direta por inexigibilidade de licitação, devendo ser observadas as normas pertinentes".

Ao comentar essa regra, Cesar Pereira destaca que o "dispositivo baseia-se em uma premissa inadequada da natureza da vinculação entre as partes da arbitragem e o árbitro ou a instituição arbitral. Não se trata de hipótese de inexigibilidade de licitação, referida no art. 7º, § 3º, do decreto e sujeita aos procedimentos do art. 26 da Lei 8.666, mas de um caso de *não-incidência de licitação*".[225]

Isso porque, segundo o autor, a escolha de árbitros ou instituições não guarda relação com as contratações administrativas objeto da Lei 8.666. Por essa razão, não são aplicáveis a essa escolha os requisitos substanciais ou procedimentais próprios da inexigibilidade de licitação.

---

[224] Com relação ao aspecto da confiança, apenas cabe esclarecer que ela nada se relacionada com a certeza de uma decisão favorável, mas sim com a certeza de que aquele árbitro possui o conhecimento técnico esperado e que desempenhará a sua função com imparcialidade, independência, competência, diligência e discrição.

[225] Disponível em: http://www.conjur.com.br/2015-ago-24/direito-civil-atual-decreto-portos-frustra-uso-arbitragem-agentes-publicos. Acesso em: 18.10.2015.

6.7 O pagamento das despesas do litígio arbitral

6.7.1 Regra para os contratos de geração, distribuição e transmissão

Outra grande preocupação, tanto da Administração Pública quanto das câmaras arbitrais e dos próprios árbitros, refere-se ao pagamento pelos custos da arbitragem.

Essa preocupação se dá porque, diferentemente do que ocorre na esfera Judicial, na arbitragem é comum que ambas as partes antecipem o pagamento de inúmeras despesas,[226] como, por exemplo, de uma parte dos honorários arbitrais, bem como das despesas administrativas da própria câmara arbitral.

---

[226] Nesse sentido, o artigo 36 do Regulamento da CCI: "Artigo 36 – Provisão para cobrir os custos da arbitragem. 1 Após o recebimento do Requerimento, o Secretário Geral poderá solicitar ao requerente que faça um adiantamento da provisão para os custos da arbitragem em valor suficiente para cobri-los até o estabelecimento da Ata de Missão. Qualquer adiantamento pago será considerado um pagamento parcial, pelo requerente, da provisão para os custos da arbitragem fixada pela Corte nos termos do artigo 36. 2 Logo que possível, a Corte estabelecerá o valor da provisão que seja suficiente para cobrir os honorários e despesas dos árbitros e as despesas administrativas da CCI relativos às demandas que lhe tenham sido submetidas pelas partes, salvo demandas submetidas nos termos do artigo 7° ou 8°, casos em que o artigo 36(4) será aplicado. A provisão para os custos de arbitragem fixada pela Corte nos termos do artigo 36(2) deverá ser paga pelo requerente e pelo requerido em parcelas iguais. 3 Quando uma reconvenção for apresentada pelo requerido nos termos do artigo 5° ou de alguma outra forma, a Corte poderá fixar provisões separadas para a demanda principal e a reconvenção. Quando a Corte tiver fixado provisões separadas, cada parte deverá pagar a provisão correspondente às suas demandas. 4 Quando demandas forem apresentadas nos termos do artigo 7° ou 8°, a Corte poderá fixar uma ou mais provisões para os custos da arbitragem, as quais deverão ser pagas pelas partes na forma decidida pela Corte. Caso a Corte já tenha fixado qualquer provisão para os custos da arbitragem nos termos deste artigo 36, tal provisão será substituída pela(s) provisão(ões) fixadas segundo este artigo 36(4) e os valores já pagos por qualquer parte serão considerados pagamentos parciais da parcela da provisão devida por tal parte, nos termos fixados pela Corte segundo o artigo 36(4). 5 O montante de qualquer provisão para os custos da arbitragem fixada pela Corte nos termos do presente artigo 36 poderá ser reajustado a qualquer momento durante a arbitragem. **Em todo caso, qualquer parte terá a faculdade de pagar a parcela da provisão correspondente àquela da outra parte, caso essa outra parte deixe de pagá-la.** 6 Quando um pedido de pagamento de uma provisão não for cumprido, o Secretário Geral poderá, após consultar o tribunal arbitral, convidá-lo a suspender os seus trabalhos e fixar um prazo não inferior a 15 dias, após o qual se considerarão retiradas as demandas correspondentes à provisão em falta. Caso a parte em questão deseje contestar tal medida, deverá solicitar, no prazo mencionado anteriormente, que a questão seja decidida pela Corte. Essa retirada não prejudicará o direito da parte de

Carlos Alberto Salles reconhece que, por ser a arbitragem um mecanismo privado de solução de controvérsias, não se aplica à Administração Pública a regra da isenção de custas.[227] E salienta:

> Tratando-se de um mecanismo privado de solução de controvérsias, evidentemente, a ele não se pode aplicar a regra de isenção de antecipação de despesas prevista para o processo judicial. Assim, quando for o caso, o Estado, em igualdade de condições com o particular, deverá antecipar ou pagar as despesas relativas à arbitragem. (SALLES, Carlos Alberto de. Arbitragem em Contratos Administrativos, Rio de Janeiro: Forense, 2011, p. 280).

Até porque, nos termos da Súmula 232 do Superior Tribunal de Justiça, *"A Fazenda Pública, quando parte no processo, fica sujeita à exigência do depósito prévio dos honorários do perito"*. Ora, se há como obrigar a Fazenda Pública a adiantar despesas processuais na esfera judicial, o mesmo entendimento (e com mais razão) deve ser aplicado no âmbito do litígio arbitral – que se trata de um mecanismo privado de solucionar conflitos.

Contudo e de modo a se evitar esse tipo de discussão, vem se prevendo que as despesas arbitrais sejam adiantadas necessariamente pelo contratado, devendo ser ressarcidas ao final do litígio. Essa solução vem sendo adotada em alguns contratos administrativos firmados pela Administração e se mostra compatível com os regulamentos das principais câmaras arbitrais.

O item 5.8 do Regulamento do Centro de Arbitragem e Mediação da Câmara de Comércio Brasil-Canadá – CCBC, por exemplo, determina que o "Termo de Arbitragem" contenha a previsão, dentre diversos outros aspectos, da "responsabilidade pelo pagamento das custas processuais, honorários dos peritos e dos árbitros".

---

reapresentar posteriormente as mesmas demandas em outros procedimentos. 7. Caso uma das partes solicite o direito à compensação de qualquer pedido, tal compensação deverá ser levada em consideração no cálculo da provisão para os custos da arbitragem da mesma forma que uma demanda distinta, quando possa acarretar o exame, pelo tribunal arbitral, de questões adicionais.

[227] "Art. 27. As despesas dos atos processuais, efetuados a requerimento do Ministério Público ou da Fazenda Pública, serão pagas a final pelo vencido."

Além disso, atenta às dificuldades relacionadas à antecipação pela Administração Pública das despesas arbitrais, o Centro de Arbitragem e Mediação da CCBC emitiu a Resolução Administrativa nº 03/2014, tratando de procedimentos a respeito de "Arbitragens que envolvem a Administração Pública Brasileira".

Nos termos do Enunciado 4 da referida Resolução:

> Nas arbitragens que envolvem controvérsias entre a Administração Pública e particulares, o particular *poderá* ser responsável pelo pagamento inicial e/ou antecipado dos encargos e taxas devidos ao CAM/CCBC, assim como pelo adiantamento dos honorários devidos aos árbitros, conforme valores previstos na Seção 12 do Regulamento, sem prejuízo de eventual e posterior ressarcimento por parte da Administração Pública, nos termos do laudo arbitral.

As instituições arbitrais dão bastante autonomia às partes, permitindo que elas próprias estipulem a responsabilidade pelo pagamento das custas processuais, dos honorários e das despesas com a arbitragem.

Aproveitando-se dessa possibilidade conferida pelas instituições arbitrais, a Lei Mineira nº 19.477/2011 – que dispõe sobre a adoção do juízo arbitral para a solução de litígio em que o Estado de Minas Gerais seja parte – deixou consignado que as despesas arbitrais serão adiantadas pelo contratado quando da instauração do procedimento arbitral (art. 11).

> Art. 11. No edital de licitação de obra e no contrato público constará a previsão das despesas com arbitragem, taxa de administração da instituição arbitral, honorários de árbitros e peritos e outros custos administrativos.
> Parágrafo único. As despesas a que se refere o caput deste artigo serão adiantadas pelo contratado quando da instauração do procedimento arbitral.

Parece-nos que essa solução, permitida pelas câmaras arbitrais e adotada no Estado de Minas Gerais, tende a facilitar a utilização da arbitragem pela Administração.

6.7.2 Regra para o setor de comercialização

Nos litígios arbitrais envolvendo a comercialização de energia elétrica, o pagamento das despesas arbitrais segue a mesma regra acima exposta. A Câmara da FGV, assim como as demais, respeita a autonomia da vontade das partes litigantes para o pagamento das despesas do litígio.

A esse respeito, o item "i" do artigo 41 do seu Regulamento dispõe que do "Termo de Arbitragem" constará obrigatoriamente "i) a declaração da responsabilidade pelo pagamento das custas processuais, dos honorários e das despesas com a arbitragem". Trata-se de previsão relevante, pois, nos termos do Regulamento da Câmara da FGV, "Salvo acordo entre as partes, as despesas da arbitragem serão rateadas meio a meio entre elas" (Anexo, Seção I – Custas").

Contudo, como a atividade de comercialização de energia elétrica envolve uma atividade econômica, não faria sentido, na nossa visão, admitir que as empresas estatais deixassem de adiantar esses custos.

6.8 A desnecessidade de concordância do contratado para a eficácia da cláusula compromissória – Inaplicabilidade do art. 4º da Lei 9.307/96

6.8.1 Regra geral para os contratos de geração, distribuição e transmissão

Uma das discussões travadas no âmbito da arbitragem envolvendo os contratos firmados pela Administração Pública refere-se à aplicação, ou não, do §2º do art. 4º da Lei 9.307/96.[228] Referido dispositivo legal garante que, nos contratos de adesão, a cláusula compromissória só tenha eficácia se o aderente tomar a

---

[228] "Art. 4º A cláusula compromissória é a convenção através da qual as partes em um contrato comprometem-se a submeter à arbitragem os litígios que possam vir a surgir, relativamente a tal contrato.
§ 1º A cláusula compromissória deve ser estipulada por escrito, podendo estar inserta no próprio contrato ou em documento apartado que a ele se refira.
§ 2º Nos contratos de adesão, a cláusula compromissória só terá eficácia se o aderente tomar a iniciativa de instituir a arbitragem ou concordar, expressamente, com a sua instituição, desde que por escrito em documento anexo ou em negrito, com a assinatura ou visto especialmente para essa cláusula."

iniciativa de instituir a arbitragem ou concordar, expressamente, com a sua instituição, desde que por escrito em documento anexo ou em negrito, com a assinatura ou visto especialmente para essa cláusula.

Esse questionamento surge porque parte da doutrina afirma que os contratos administrativos seriam verdadeiros contratos de adesão, fazendo com que a referida regra legal seja aplicável a essas relações. Com base nessa interpretação, para que a cláusula arbitral tivesse eficácia em um contrato de concessão, por exemplo, caberia ao concessionário tomar a iniciativa de instituir a arbitragem, ou concordar, expressamente, com a sua instituição.

Reconhecendo a natureza de contrato de adesão dos contratos administrativos, Maria Sylvia Zanella Di Pietro sublinha:

> Todas as cláusulas dos contratos administrativos são fixadas unilateralmente pela Administração. Costuma-se dizer que, pelo instrumento convocatório da licitação, o poder público faz uma oferta a todos os interessados, fixando as condições em que pretende contratar; a apresentação de propostas pelos licitantes equivale à aceitação da oferta feita pela Administração. Essa ideia se confirma com a norma do artigo 40, § 2º, da Lei nº 8.666, segundo a qual, dentre os anexos do edital da licitação, deve constar necessariamente 'a minuta do contrato a ser firmado entre a Administração e o licitante vencedor', com isto, fica a minuta do contrato sujeita ao princípio da vinculação ao edital.[229]

Da mesma forma, Gustavo Henrique Justino de Oliveira[230] defende que *"os contratos administrativos são autênticos contratos de adesão"*.

Trata-se, de fato, de um tema controverso, pois os contratos administrativos realmente se assemelham aos contratos de adesão, na medida em que o particular adere a um conjunto de disposições preestabelecidas pela Administração – tal como se dá naqueles contratos.

---

[229] *Direito Administrativo*. 28. ed. São Paulo: Atlas, 2015, p. 255.
[230] A arbitragem e as parcerias público-privadas, Revista de Direito Administrativo nº 241, Rio de Janeiro: Renovar, jul./set. 2005, p. 264. No mesmo sentido, José Alberto Bucheb (A arbitragem internacional nos contratos da indústria do petróleo, Rio de Janeiro: Lumen Juris, 2002, p. 37-40).

Entretanto, há outros pontos caracterizadores do contrato de adesão que não se enquadram nas características de um contrato administrativo. Por essa razão, defendemos o entendimento de que os contratos administrativos (pelo menos os contratos de concessão, permissão e aqueles firmados nos termos da Lei 8.666/93 e 12.462/14) não se enquadram no conceito de contrato de adesão, o que afasta, por conseguinte, a regra do §2º do art. 4º da Lei de Arbitragem.

Reconhece Marçal Justen Filho que *"a figura do contrato de adesão foi elaborada no direito privado para proteger o particular subordinado a poder econômico empresarial. O contrato de adesão reflete as condições de superioridade econômica de uma parte, e sua disciplina pelo direito foi orientada a proteger a parte hipossuficiente"*.[231]

O contrato de adesão tem por característica (além de eliminar os debates e transigência em sua fase inicial, já que uma das partes impõe à outra o instrumento inteiro do negócio – tal como ocorre, em certa medida, nos contratos administrativos), tratar de negócios que envolvem uma necessidade de contratar por parte de todos, ou de um número considerável de pessoas.[232] Há uma gama considerável de exemplos, tais como os contratos firmados entre passageiros e as empresas de transporte, os contratos de consumo de energia elétrica, dentre outros.

Trata-se, portanto, de contratos que refletem *as condições de superioridade econômica de uma parte*, sendo a sua disciplina (característica do direito privado) orientada principalmente para proteger a parte hipossuficiente.

Os contratos de adesão estão disciplinados no Código Civil e, dentre as garantias conferidas ao contratante, estão as de preservar a interpretação mais favorável ao aderente, quando houver cláusulas ambíguas ou contraditórias (art. 423, CC), além de estabelecer como sendo nulas as cláusulas que estipulem a renúncia antecipada do aderente a direito resultante da natureza do negócio (art. 424, CC).

Como se pode perceber, as garantias conferidas ao contratado (nos contratos de adesão) destinam-se, de fato, a proteger a parte considerada hipossuficiente – o que não ocorre em um contrato administrativo regido por normas de direito público (que confere outras garantias ao contratado).

---

[231] Curso de Direito Administrativo. São Paulo: RT, 2015, 11ª ed., p. 841.
[232] RODRIGUES, Silvio. Direito Civil, 30ª ed., vol. 3., São Paulo: Saraiva, 2004, p.45.

Os contratos administrativos destinam-se a preservar e alcançar, sobretudo, o chamado *interesse público* – o que permite à Administração (dentro dos limites impostos pelo regime jurídico) promover atos ou se valer de cláusulas que seriam consideradas exorbitantes (ou ilegais) em contratos de direito privado. Justamente por essa razão, não nos parece viável (e nem adequado) aplicar a disciplina conferida pelo direito aos contratos de adesão, reguladas principalmente pelo Código Civil, aos contratos administrativos.

Não há como negar que nos contratos administrativos também há certa desigualdade entre a Administração e os contratados. Contudo, esse desequilíbrio é necessariamente combatido através da aplicação dos princípios do regime jurídico administrativo e da disciplina contratual da Administração. Basta verificar que são as próprias normas de Direito Público que limitam a atuação da Administração Pública e, ao mesmo tempo, preservam determinados direitos dos contratados, tais como a garantia da intangibilidade da equação econômico-financeira.

Nesse ponto, Aline Lícia Klein destaca que:

> É o regime jurídico dos contratos administrativos que inviabiliza e até mesmo torna inútil a aplicação de disposições legais relativas à contratação por adesão do Direito Privado. O equilíbrio interno das posições contratuais é definido pelo próprio ordenamento jurídico. A incidência de regras criadas para um contexto distinto de contratação – a de Direito Privado – poderia vir a comprometer a persecução dos fins visados na contratação administrativa.[233]

Assim, e na linha de entendimento da referida autora, o equilíbrio interno das posições contratuais é definido pelo próprio ordenamento jurídico. Ainda que exista certa similaridade entre os contratos de adesão e os contratos administrativos, trata-se de contratos de naturezas distintas, na medida em que visam proteger bens jurídicos absolutamente distintos.

---

[233] Klein, Aline Lícia. A arbitragem nas concessões de serviço público. In: TALAMINI, Eduardo; PEREIRA, Cesar A. Guimarães (coords.). Arbitragem e poder público. São Paulo: Saraiva, 2010, p. 97.

Enquanto a estrutura dos contratos de adesão busca proteger o aderente (considerado a parte hipossuficiente), os contratos administrativos buscam, em primeiro lugar, atingir o chamado *interesse público* (que muitas vezes pode se mostrar contrário a interesse do contratante). Isso não significa, evidentemente, que o aderente de um contrato administrativo não possua garantias rígidas. São garantias conferidas pelo regime jurídico administrativo, e não pelo regime que trata dos contratos de adesão.

Concluindo, na medida em que os contratos de adesão possuem regramento expresso conferido pelo Código Civil (arts. 423 e 424), que não se aplica aos contratos administrativos, entendemos que estes não poderiam ser considerados contratos de adesão.

Por essas razões, os contratos de concessão e permissão firmados (também no setor de energia elétrica) não caracterizam verdadeiros contratos de adesão, razão pela qual a regra contida no §2º do art. 4º da Lei de Arbitragem não se aplica a esses contratos.

Isso não afasta, evidentemente, a possibilidade de se deixar estipulado nos contratos administrativos (que tenham cláusula arbitral) que eventual instauração da arbitragem dependerá da iniciativa do aderente. Contudo, na ausência de uma disposição contratual nesse sentido, a regra do §2º do art. 4º da Lei de Arbitragem não se aplica.

6.8.2 Regra para o setor de comercialização

Nos contratos de compra e venda de energia elétrica, firmados no âmbito da CCEE, essa discussão não parece ter relevância, na medida em que a Convenção de Comercialização, instituída pela Resolução Normativa 109/2004, obriga, em determinadas hipóteses, os Agentes da CCEE e a CCEE a se valerem da arbitragem.

> **Art. 58.** Os Agentes da CCEE e a CCEE deverão dirimir, por intermédio da Câmara de Arbitragem, todos os conflitos que envolvam direitos disponíveis, nos termos da Lei no 9.307, de 23 de setembro de 1996, nas seguintes hipóteses:

Levando em conta as normas que regem o setor da Comercialização, pouco importa quem deverá dar início ao processo arbitral, o que, consequentemente, afasta a aplicação do art. 4º da Lei 9.307/96.

Capítulo 7
CONCLUSÃO

Como se pode observar, a complexidade do setor decorre, em grande medida, da *desintegração vertical* (*unbundling*) ocorrida (que distinguiu as atividades monopolizadas das suscetíveis de serem prestadas em regime de competição), bem como das inovações introduzidas pela Lei 9.074/1995 – que criou a figura do produtor independente de energia elétrica e a comercialização como atividade autônoma.

Essas alterações deixaram o setor elétrico mais dinâmico, competitivo e, consequentemente, fizeram com que se multiplicassem substancialmente as relações contratuais. Enquanto havia, basicamente, apenas um concessionário executando todas as etapas dos serviços de energia elétrica, após essa reforma regulatória, passaram a existir contratos específicos firmados com geradores, transmissores, distribuidores e comercializadores.

Não bastasse isso, cada uma dessas atividades (agora dissociadas) são, em certa medida, dependentes uma da outra. De nada adianta que a energia elétrica seja produzida se não for adequadamente transmitida e/ou distribuída. Da mesma forma, para que a distribuição de energia ocorra, mostra-se imprescindível que se tenha produzido energia suficiente para o atendimento da demanda. Por outro lado, pouco eficiente será a existência de uma Câmara de Comercialização de Energia Elétrica (que funciona quase como uma bolsa de valores) se não há energia suficiente a ser comercializada, ou (o que é pior) se não se produz a energia que já foi comercializada.

Ou seja, para que a energia elétrica possa ser efetivamente usufruída, tem de haver outras relações contratuais entre geradores, transmissores, distribuidores e comercializadores – sendo que cada uma dessas relações possui inúmeras obrigações e responsabilidades (muitas vezes de cunho eminentemente privado).

Nesse contexto, a utilização de mecanismos alternativos de solucionar conflitos vêm se destacando no setor de energia elétrica.

A busca por esses mecanismos se explica na medida em que o *consenso-negociação* vem ganhando ênfase. Tem-se verificado que o maior diálogo entre as partes divergentes contribui de forma mais eficiente para a solução da controvérsia. Até porque, ninguém melhor do que as próprias partes para conhecer detalhes das suas divergências e, com base nesse conhecimento, chegarem a uma solução adequada.

Atualmente, há vários mecanismos denominados "meios alternativos de solucionar disputas" que vêm sendo amplamente empregados no ambiente corporativo, inclusive pelos agentes do setor elétrico.

Em razão dos limites do presente trabalho, optamos por destacar os institutos da mediação, conciliação e, principalmente, da arbitragem, que são os métodos expressamente previstos na legislação do setor elétrico; sendo, em algumas situações, de uso obrigatório.

Reconhecendo as vantagens desses meios alternativos, a Agência Nacional de Energia Elétrica – ANEEL instituiu um procedimento de mediação específico para solucionar conflitos entre os agentes do setor elétrico.

Trata-se do processo previsto na Portaria MME nº 349, de 28 de novembro de 1997, que aprovou o regimento interno da Agência Nacional de Energia Elétrica – ANEEL.

Segundo informações apresentadas pela própria ANEEL,[234] em termos quantitativos, tem ocorrido uma média de 30 (trinta) mediações anuais, das quais resultam acordos em aproximadamente 90% dos procedimentos instaurados. Esse fato confirma a importância dessa ferramenta (ainda pouco divulgada) para a solução de determinadas controvérsias.

---

[234] Disponível em http://www.aneel.gov.br/arquivos/PDF/CT_%208_Mediacao.pdf. Acesso em 25.6.2015.

CONCLUSÃO

O instituto da conciliação também foi expressamente previsto no setor de energia elétrica e vem sendo largamente aplicada no âmbito da comercialização de energias elétrica.

A Câmara de Comercialização de Energia Elétrica – CCEE garante a todos os seus agentes o direito de solicitar a instauração de procedimento de conciliação junto à Câmara (item 3.40 do Procedimento de Comercialização, PdC, AM.03 – Solução de Conflitos).

Da mesma forma, a arbitragem, instituída pela Lei 9.307/96, vem se transformando em um dos principais mecanismos de solucionar conflitos no âmbito do setor de energia eletrica.

Como os serviços e instalações de energia elétrica representam atividades exclusivas da União, que pode explorá-las diretamente ou mediante os institutos da autorização, concessão ou permissão (CF, art. 21, inc. XI, 'b'), investigar a arbitragem nesse setor comporta uma análise da possibilidade de sua utilização pela Administração Pública.

Afinal de contas, nessas relações a União Federal (ou a ANEEL, por delegação daquela) será parte e, por essa razão, passará a adquirir direitos e obrigações, de modo que os futuros e eventuais litígios terão impacto na sua esfera jurídica.

A demonstração do cabimento da arbitragem, tanto nos litígios envolvendo a Administração Pública, como nos que envolvam apenas particulares, passa pela análise e identificação da chamada "arbitrabilidade", que se subdivide em um aspecto subjetivo (relacionado com a capacidade da pessoa para se submeter ao juízo arbitral) e outro objetivo (referente à matéria capaz de ser submetida à arbitragem – *direitos patrimoniais disponíveis*).

A nova redação do artigo 1º da Lei de Arbitragem (introduzida pela Lei nº 13.129/2015) passou a admitir, de forma expressa, que Administração Pública direta e indireta utilize a arbitragem para dirimir conflitos relativos a direitos patrimoniais disponíveis.

Assim, discussões travadas pela doutrina para tentar demonstrar a arbitrabilidade subjetiva das pessoas jurídicas de direito público e das empresas estatais parece-nos ter deixado de existir – pelo menos do ponto de vista legal.

Também o aspecto da arbitrabilidade objetiva mostra-se presente nas relações firmadas pelo Estado. Como demonstrado, é possível se afirmar que o Estado poderá se submeter à arbitragem sempre que o conflito (de natureza patrimonial) puder ser resolvido pelas próprias partes, independentemente do ingresso em juízo. Ora, se o conflito envolve direitos patrimoniais que poderiam ser reconhecidos pela Administração, não há razão para se impedir a utilização da arbitragem, que (por expressa determinação legal) deve respeitar as garantias do devido processo legal.

Ademais, muito embora só possam ser submetidas à arbitragem matérias que envolvam direitos patrimoniais disponíveis, a utilização da arbitragem não implica em qualquer disponibilidade de direitos. Como demonstrado, um litígio arbitral em que envolva algum ente da Administração Pública deve se basear pelo princípio da legalidade, que impõe a aplicação da legislação brasileira para a resolução do litígio.

Portanto, a Administração Pública, ao optar pela arbitragem, não estará transigindo com o interesse público, mas apenas escolhendo um meio mais adequado para a defesa desse interesse – consistente na correta aplicação da lei na realização da Justiça.

Muitas são as matérias, no âmbito da Administração Pública, suscetíveis de serem submetidas à arbitragem. Dentre elas, podemos destacar aquelas relacionadas com (i) os aspectos referentes ao equilíbrio econômico-financeiro do contrato, (ii) as disputas sobre a identificação e o cumprimento das obrigações contratuais e (iii) disputas sobre as consequências (de cunho patrimonial) da extinção do contrato.

A jurisprudência dos Tribunais Superiores vem se consolidando quanto ao cabimento da arbitragem para dirimir conflitos envolvendo a Administração Pública.

Tal como reconhecido em um dos principais acórdãos do Superior Tribunal de Justiça sobre a matéria, *"não há que se negar a aplicabilidade do juízo arbitral em litígios administrativos, em que presentes direitos patrimoniais do Estado, mas ao contrário, até mesmo incentivá-la, porquanto mais célere"*[235]. Isso porque, o fato de a Administração eventualmente ser derrotada em um litígio arbitral não significa que ela tenha aberto mão de um direito. *Significa apenas que ela não tinha razão quanto ao que pretendia.*

---

[235] STJ – AgRg no MS 11308/DF, Min. LUIZ FUX, 1ª SEÇÃO, j. 28/06/2006, DJ 14.08.2006, p. 251.

Também o Tribunal de Contas de União vem caminhando no sentido de admitir a submissão da Administração a litígios arbitrais.

O TCU faz apenas a exigência de que exista previsão legal específica para a aplicação do instituto da arbitragem em contratos administrativos – tal como ocorre nos contratos de concessão de serviços públicos (art. 23-A da Lei 8.987/1995 e art.11, inciso III da Lei 11.079/2004), bem como nos contratos de compra e venda de energia elétrica (Lei 10.848, art. 4º, §6).

Sem prejuízo das previsões contidas nas referidas Leis que, durante certo período, conferiram alguma segurança jurídica para a utilização da arbitragem pela Administração Pública, a exigência (feita pelo TCU) de previsão legal específica foi atendida com a entrada em vigor da Lei 13.129/2015.

Todo esse cenário favorável à arbitragem vem contribuindo para a sua aplicação no setor de energia elétrica – o que pode ser constatado mediante a análise dos contratos firmados no setor.

O setor de geração de energia elétrica, se comparado com outros setores regulados, foi um dos primeiros (após a entrada em vigor da Lei 9.307/96) a prever a utilização da arbitragem em seus contratos.

Em 2008 tivemos o primeiro contrato de concessão para geração de energia elétrica prevendo expressamente a arbitragem como meio idôneo para dirimir determinados conflitos. Tratou-se do contrato de concessão de uso de bem público para geração de energia elétrica nº 001/2008, celebrado entre a União e a Empresa Madeira Energia S.A – MESA.

Muito embora não se tenha identificado, até o momento, previsão de cláusulas arbitrais nos contratos relacionados à transmissão e distribuição de energia elétrica, essa ausência não se relaciona com qualquer impedimento. A utilização da arbitragem nesses contratos mostra-se perfeitamente possível e adequada, como tivemos a oportunidade de demonstrar.

Até porque a arbitragem poderá vir a ser instaurada mesmo em questões decorrentes de contratos em que não haja previsão desse mecanismo de solução de controvérsias. Nesse caso, estando de acordo, as partes poderão, caso se deparem diante de um litígio envolvendo direitos patrimoniais disponíveis, firmar um documento apartado, denominado *compromisso arbitral*, e darem início ao processo arbitral – tal como autoriza o art. 9º da Lei de Arbitragem (e a jurisprudência do Superior Tribunal de Justiça).

Contudo, é na comercialização de energia elétrica, realizada no âmbito da Câmara de Comercialização de Energia Elétrica – CCEE, onde identificamos utilização da arbitragem de uma forma mais intensa.

Concebida como uma associação civil, sujeita à regulação e fiscalização da Agência Nacional de Energia Elétrica – ANEEL, a CCEE possui a finalidade precípua de viabilizar a comercialização de energia elétrica. Trata-se de uma instituição que atua quase como uma bolsa de valores, promovendo a comercialização de energia mediante leilões no Sistema Interligado Nacional (SIN), Ambiente de Contratação Regulada (ACR), Ambiente de Contratação Livre (ACL) e Mercado de Curto Prazo (Spot).

Os Agentes da CCEE estão divididos em 3 (três) categorias: a dos geradores, comercializadores e distribuidores. Levando em conta dados fornecidos pela própria CCEE,[236] há atualmente quase 3 (três) mil Agentes associados firmando diversos contratos envolvendo as mais variadas e complexas relações jurídicas relacionadas à comercialização de energia.

Nesse contexto, e em razão das disposições contidas na Lei 10.848/2004, a arbitragem foi efetivamente introduzida no setor de comercialização, passando a ser, em alguns casos, de uso compulsório entre os agentes integrantes da CCEE – sejam empresas privadas, públicas ou sociedades de economia mista, incluindo suas subsidiárias ou controladas (art. 4º, § 6º, da Lei 10.848/2004).

Além de admitir a utilização da arbitragem pela Administração Pública Indireta (fortemente presente no âmbito da comercialização), a Lei 10.848/2004 cuidou de tratar do aspecto da *disponibilidade* dos direitos envolvidos na comercialização de energia. Considerou como sendo disponíveis os direitos relativos a *créditos e débitos* decorrentes das operações realizadas no âmbito da CCEE (art. 4º, § 7º).

Como observamos no capítulo 5, houve toda uma construção normativa visando dar efetividade a essa exigência.

Pelo Decreto 5.177, de 12 de agosto de 2004, determinou-se que a Convenção Arbitral devesse ser tratada pela Convenção de Comercialização – o que veio a ser atendido pela Resolução Normativa nº 109, de 26 de outubro

---

[236] Site da CCEE. Disponível em 25.3.2015: http://www.ccee.org.br/portal/faces/pages_publico/quem-participa?_adf.ctrl-state=trok2em67_4&_afrLoop=404622371260135. Acesso em 25.3.2015.

CONCLUSÃO

de 2004. Referida Resolução, que instituiu a Convenção de Comercialização, trouxe como obrigação do Agente da CCEE a adesão à Convenção Arbitral.

Na sequência, foi aprovado o Estatuto Social da CCEE, contendo como um dos deveres dos Agentes a adesão à Convenção Arbitral (artigo 8º, inciso VI).

Com isso, ficou estabelecido que os eventuais conflitos fundados nas relações estabelecidas ao amparo do Estatuto Social da CCEE ou decorrentes da comercialização de energia elétrica no âmbito da CCEE *serão* dirimidos pela via da arbitragem, *no âmbito da Câmara de Arbitragem definida pela Assembleia Geral dos Agentes*, sem prejuízo da atuação da ANEEL ou do Conselho de Administração da CCEE, conforme normas regulatórias aprovadas pela ANEEL (art. 38 do Estatuto Social).

Após aprovação, pelos agentes da CCEE, do texto da convenção de arbitragem na 32ª Assembleia Geral Extraordinária da CCEE, de 26 de janeiro de 2005, a Convenção Arbitral foi homologada pela ANEEL (Resolução nº 531, publicada no DOU de 15 de agosto de 2007).[237]

A partir daí, a observância da Convenção Arbitral pela CCEE e pelos seus Agentes passou a ser obrigatória – o que não parece ter gerado questionamentos no setor quanto a eventual ofensa ao princípio da autonomia da vontade ou da inafastabilidade da jurisdição.

A Convenção Arbitral foi aprovada, por unanimidade de votos, em Assembleia Geral por todos os Agentes da CCEE.

Levando em conta a adesão incondicional da convenção arbitral por todos os Agentes da CCEE, comungamos do posicionamento de José Emílio Nunes Pinto no sentido de afastar o caráter impositivo da arbitragem aos Agentes, reconhecendo a adesão voluntária a esse instituto, pois o Agente subscreve a convenção arbitral como elemento integrante dos direitos e obrigações de associado, já que a associação é um contrato aberto.

Por essa razão, o Agente que, por livre e espontânea vontade, opta por associar-se à CCEE, assume por ato de vontade todos os direitos e obrigações previamente estabelecidos aos associados – dentre eles a utilização da arbitragem para os casos previstos na Convenção Arbitral.

---

[237] Art.1º da Resolução Homologatória nº 531, de 7 de agosto de 2007: *"Homologar, na forma do Anexo desta Resolução, a Convenção Arbitral, nos termos do art. 58 da Convenção de Comercialização de Energia Elétrica, instituída pela Resolução Normativa nº 109, de 26 de outubro de 2004"*.

Tanto a Convenção de Comercialização quanto a Convenção Arbitral (que é parte integrante daquela) definiram os conflitos que deverão ser submetidos à arbitragem.

Estabeleceu que todos os litígios entre agentes da CCEE (ou entre esses e a própria CCEE), decorrentes das relações jurídicas instituídas em razão da aplicação (a) das normas do Estatuto da CCEE ou (b) da Convenção de Comercialização, *deverão* ser submetidos à arbitragem e seguir as regras da Convenção Arbitral CCEE e do Regulamento da Câmara FGV de Mediação e Arbitragem.

Os eventuais conflitos entre os Agentes da CCEE e a ANEEL não ficarão submetidos às regras impostas pela Convenção Arbitral (*"Parágrafo 2º. Esta CONVENÇÃO não se aplica aos eventuais conflitos entre os SIGNATÁRIOS e a ANEEL"*).[238] Isso não significa que esses litígios não possam ser submetidos à arbitragem, mas apenas que a ANEEL não é parte dessa Convenção e, portanto, não está vinculada a ela.

Além dos litígios de competência da ANEEL, a Convenção Arbitral impõe uma segunda restrição para a sua incidência, relacionada à natureza das controvérsias. O inciso III do parágrafo 1º da Cláusula 1ª estabelece que os conflitos entre Agentes da CCEE, decorrentes de contratos bilaterais, ficarão sujeitos à Convenção Arbitral *apenas* se o fato gerador da divergência decorrer dos respectivos contratos ou de regras e procedimentos de comercialização *e repercutir sobre as obrigações dos agentes contratantes no âmbito da CCEE*.

Dessa forma, estipulou-se a obrigatoriedade da arbitragem nos conflitos advindos de contratos bilaterais quando estes tiverem relação direta com a CCEE e os Agentes; todavia, afastou-se a incidência obrigatória da arbitragem nos casos em que a controvérsia envolver unicamente aos signatários dos contratos bilaterais.[239]

Em que pese a falta de clareza daquilo que efetivamente *deva* ser submetido à arbitragem, pode-se afirmar que o texto da Convenção Arbitral quis possibilitar a escolha de outro modo de solução de controvérsias (judicial ou mesmo arbitragem por outras regras) quando a disputa não produzir qualquer

---

[238] Art. 1º, parágrafo 2º, da Convenção Arbitral celebrada entre os Agentes e a CCEE.
[239] DAVID, Solange. A Arbitragem no âmbito da Câmara de Comercialização de Energia Elétrica (CCEE), *Revista de Arbitragem e Mediação*, vol. 16, p. 33, jan., 2008, DTR\2008\854, p. 3.

efeito na implementação das regras de comercialização da CCEE e, portanto, não precisar ser levada em consideração pelo órgão para fins de contabilização e de liquidação de diferenças.[240]

Assim, caso os efeitos do litígio não repercutam no âmbito da CCEE (como, por exemplo, no caso de divergências quanto à emissão de documentos de cobrança, valores de compra e venda de energia, faturamentos mensais) não há a obrigatoriedade de utilização da arbitragem pelas Agentes para a solução de seus conflitos.

Dessa forma, constata-se que os limites da incidência da Convenção Arbitral para os Agentes da CCEE está justamente em se verificar se o objeto do litígio funda-se ou não *nas relações estabelecidas ao amparo do Estatuto Social da CCEE e da Convenção de Comercialização*. Em outras palavras, quando a disputa envolver unicamente os signatários do contrato e não produzir qualquer efeito na implementação das regras de comercialização da CCEE e, portanto, não precisar ser levada em consideração pelo órgão para fins de contabilização e de liquidação de diferenças, a Convenção Arbitral não será aplicável (Cláusula 1ª, §3º, inciso II, da Convenção Arbitral).

Isso não impede, evidentemente, que os Agentes que se depararem diante de um litígio (cujo objeto esteja fora das hipóteses abarcadas pela Convenção) optem pela aplicação da aludida Convenção, ou pela utilização da arbitragem mediante outras regras, ou até mesmo pela via judicial.

Outro interessante (e pouco falado) aspecto da arbitragem no âmbito da comercialização de energia refere-se à imposição, pela convenção de comercialização e pela convenção arbitral, de cláusula escalonada.

As cláusulas escalonadas são aquelas que combinam uma ou mais formas de resolução de controvérsias, prevendo fases sucessivas de modo a contribuir com a resolução do litígio. Com isso, estabelece-se um procedimento prévio à instauração do processo arbitral, aproximando as partes para que eventual acordo possa ser desenhado. Ou seja, faz-se um escalonamento, organiza-se uma sequência de condutas prévias (como uma mediação ou uma conciliação, por exemplo) ao início da arbitragem.

---

[240] ANDRADE, Gustavo Fernandes de. Algumas reflexões sobre as arbitragens e as regras da Câmara de Comercialização de Energia Elétrica – CCEE, Revista de Direito da Procuradoria Geral, Rio de Janeiro (67), 2013, p. 95.

A esse respeito, a *convenção de comercialização* (anexa à Resolução Normativa nº 109/2004) consignou que a Câmara de Arbitragem ficará *obrigada* a instituir processo de mediação com o objetivo de promover, no âmbito privado e *de forma prévia* ao procedimento arbitral, uma solução amigável de conflitos (art. 59 da convenção de comercialização) – o que foi ratificado pela convenção arbitral aderida por todos os Agentes da CCEE.

O setor de comercialização de energia elétrica fez, portanto, uma clara opção pelo modelo de escalonamento do tipo *mediação-arbitragem*. Trata-se de uma previsão interessante e que poderá viabilizar a solução de divergências menos complexas de forma mais célere e menos onerosa. Além disso, confirma a preocupação do setor elétrico em buscar meios alternativos para solucionar seus conflitos.

A imposição de cláusula escalonada, contudo, gera dúvidas de aplicação – sobretudo no que tange aos seus efeitos jurídicos.

Na medida em que ninguém é obrigado a aceitar um acordo, obrigar uma das partes a se submeter a um processo de mediação pode parecer no mínimo desnecessário.

Contudo, não podemos desconsiderar que a adesão à convenção arbitral deve produzir os efeitos desejados. De que serviria a imposição (pela convenção de comercialização e pela convenção arbitral) de instauração do processo de mediação se não fosse para obrigar as partes? Como destaca Fernanda Rocha Lourenço Levy, *"a cláusula de mediação não é mera alegoria contratual e seu cumprimento é mandatório e sendo assim, sua inobservância tem implicações no campo contratual, nos termos do regime jurídico do descumprimento das obrigações"*.[241]

Disso se depreende que as partes não podem ser obrigadas a mediar, mas podem (caso assim tenham consentido previamente) ser compelidas a participar de uma reunião inicial de mediação, sob pena de serem sancionadas. A esse respeito, podemos extrair da própria convenção de comercialização a incidência de multa pela inobservância das suas regras (o que inclui a obrigatoriedade do processo de mediação de forma prévia à instauração da arbitragem).

Além da eventual imposição de multa, não podemos desconsiderar o risco de discussões de natureza processual decorrente da inobservância do processo de mediação.

---

[241] Cláusulas escalonadas. São Paulo: Saraiva, 2013, p. 253.

CONCLUSÃO

O tema vem sendo largamente discutido pela doutrina nacional e estrangeira, o que confirma a sua relevância.

Fazendo uma análise tanto do direito alemão quanto do direito inglês, Paula Costa e Silva[242] identifica que, enquanto na Alemanha o não cumprimento da fase de mediação prévia impede o acesso imediato aos tribunais, a Inglaterra criou penalidades financeiras relacionadas às custas do processo para a parte que descumprir esta fase prévia.

No Brasil, tem-se falado inclusive do risco de eventual anulação de sentença arbitral caso a fase precedente da mediação não seja levada em conta.[243]

Assim, para além das penalidades de multa prevista na Resolução Normativa ANEEL nº 63/04 em razão do descumprimento das regras impostas pela convenção de comercialização, há ainda aspectos processuais relevantes decorrentes da não observância do sistema multietapas.

Independentemente da interpretação que se dê às regras impostas pelo art. 59 da convenção de comercialização e pela cláusula 1ª da convenção arbitral firmada entre os Agentes da CCEE e a CCEE, o fato é que essas discussões existem e devem ser devidamente consideradas não apenas pelas partes litigantes, mas também pelos próprios árbitros, de modo a preservar a integridade do litígio arbitral e afastar questionamentos futuros que podem gerar grave insegurança jurídica.

Como conclusão final que se pode extrair da investigação feita no presente trabalho, destacamos que a desverticalização (*unbundling*) ocorrida no setor (dividindo as atividades de geração, transmissão, distribuição e comercialização de energia elétrica) impactou de forma significativa na natureza jurídica dessas atividades e, consequentemente, nas regras e procedimentos relacionados aos mecanismos alternativos de solução de conflitos.

Basta verificar que a arbitragem decorrente das relações jurídicas firmadas no âmbito da CCEE possui regramento extremamente específico e peculiar, que não se aplica, em regra, aos litígios decorrentes das relações travadas nos contratos de geração, transmissão e distribuição de energia elétrica.

---

[242] A nova face da justiça: os meios extrajudiciais de resolução de controvérsias: relatório sobre conteúdo, programa e método de ensino, Portugal: Lisboa, Coimbra Ed, 2009, p. 49.
[243] LEVY, Fernanda Rocha Lourenço. Cláusulas escalonadas. São Paulo: Saraiva, 2013, p. 292.

Isso porque a utilização da arbitragem nos contratos de geração, distribuição e transmissão segue o mesmo regramento da arbitragem nos contratos firmados pela Administração Pública. Afinal, todos esses contratos (executados ou no regime de concessão de serviço público, ou de concessão de uso, ou de permissão ou, ainda, de autorização) possuem como parte a União ou a ANEEL, por delegação daquela.

Por essa razão, os litígios envolvendo tais relações contratuais seguirão, necessariamente, o regramento geral utilizado nos litígios arbitrais envolvendo a Administração Pública.

Por outro lado, os contratos firmados no âmbito da Câmara de Comercialização de Energia Elétrica – CCEE representam relações econômicas (ainda que fortemente reguladas) que, na grande maioria dos casos, ocorrem apenas entre empresas privadas que atuam na CCEE comprando e vendendo energia.

Contudo, nem todos os Agentes da CCEE são empresas privadas. No mercado de geração de energia elétrica (que também representa uma das categorias de Agentes da CCEE) há forte presença estatal. Como já destacado, 8 (oito), das 10 (dez) empresas com maior capacidade de geração de energia elétrica instalada, são estatais.

Portanto, as regras e procedimentos dos processos arbitrais envolvendo os contratos firmados no âmbito da CCEE terão de estar alinhados com a realidade de que relações contratuais idênticas ora serão firmadas entre empresas exclusivamente privadas, ora por estatais.

REFERÊNCIAS

AFONSO DA SILVA, José. *Curso de direito constitucional positivo*. 31. ed. São Paulo: Malheiros, 2008.

ALESSI, Renato. *Instituciones de derecho administrativo*. Trad. da 3. ed. italiana por Buenaventura Pellisé Prats. Barcelona: Bosch, 1970. t. 2.

ALVIM, J. E. Carreira. *Direito arbitral*. 2 ed. Rio de Janeiro: Forense, 2004.

AMARAL, Paulo Osternack. *Arbitragem e administração pública*: aspectos processuais, medidas de urgência e instrumentos de controle. Belo Horizonte: Fórum, 2012.

_____. Vantagens, desvantagens e peculiaridades da arbitragem envolvendo o Poder Público. In: TALAMINI, Eduardo; PEREIRA, Cesar A. Guimarães (coords.). *Arbitragem e poder público*. São Paulo: Saraiva, 2010. p. 329-348

CARMONA, Carlos Alberto. *Arbitragem e processo*: comentário à Lei 9307/96. 3. ed. São Paulo: Atlas, 2009.

ARAGÃO, Alexandre Santos de. *Direito dos serviços públicos*. 3. ed. Rio de Janeiro: Forense, 2013.

_____. Agências Reguladoras. 2. ed. Rio de Janeiro: Forense, 2009.

ARAÚJO, Helena Caetano de. Regulação e arbitragem nos setores de serviços públicos no Brasil: problemas e possibilidades. *Revista da Administração Pública*, Rio de Janeiro, n. 5, p. 9-28, set./out. 2000.

ARAUJO, Luiz Eduardo Diniz. Marcos normativos do setor elétrico. Disponível em: <http://jus.com.br/artigos/18577/marcos-normativos-do-setor-eletrico#ixzz3GoeWpN xZ>. Acesso em: 21 out 2014.

ARIÑO ORTIZ, Gaspar. *Principios de derecho público económico*: modelo de estado, gestón pública, regulación econômica. 3. ed. Granada: Comares, 2004.

BACELAR, Luiz Ricardo Trindade. Função Jurisdicional das agências reguladoras. *Revista de Processo*, São Paulo, v. 28, n. 111, p. 148–161, jul./set., 2003.

BACELLAR, Roberto Portugal. A mediação no contexto dos modelos consensuais de resolução de conflitos. *Revista de Processo*, São Paulo, n. 95, página 122-134, jul./set. 1999.

BATISTA, Luiz Olavo. *Arbitragem comercial e internacional*. São Paulo: LexMagister, 2011.

BANDEIRA DE MELLO, Celso Antônio. *Curso de direito administrativo*. 32. ed. rev. e atual. São Paulo: Malheiros, 2015.

BARROSO, Luís Roberto. Sociedade de economia mista prestadora de serviço público. Cláusula arbitral inserida em contrato administrativo sem prévia autorização legal. Invalidade. In: DI PIETRO, Maria Sylvia Zanella; SUNDFELD, Carlos Ari (orgs). *Licitações e contratos administrativos*. São Paulo: Revista dos Tribunais, 2012. p. 1257-1293.

BERALDO, Leonardo de Faria. Curso de Arbitragem. São Paulo: Atlas, 2014.

BUCHEB, José Alberto. *A arbitragem internacional nos contratos da indústria do petróleo*. Rio de Janeiro: Lumen Juris, 2002.

CAHALI, Francisco José. *Curso de arbitragem*. 5. ed. rev. atual. e amp. São Paulo: Revista dos Tribunais, 2015.

CÂMARA, Alexandre Freitas. Arbitragem nos conflitos envolvendo as agências reguladoras. *Revista de Direito da Associação dos Procuradores do Novo Estado do Rio de Janeiro*, Rio de Janeiro, n. 11, p. 145-155, 2002.

CARDOSO. André Guskow. As agências reguladoras e a arbitragem. In: TALAMINI, Eduardo; PEREIRA, Cesar A. Guimarães (coords.). *Arbitragem e poder público*. São Paulo: Saraiva, 2010. página 15-61.

CARMONA, Carlos Alberto. *Arbitragem e processo*: um comentário à Lei 9707. 3.ed. São Paulo: Malheiros, 2009.

CASAGRANDE, Paulo Leonardo. Reforma e crise no setor elétrico brasileiro. In: ROCHA, Bolívar Moura (Org.). *A regulação da infraestrutura no Brasil*: balanço e propostas. São Paulo: IOB – Thomson, 2003. p. 57-96.

CELLI JUNIOR, Umberto; SANTANA, Cláudia Silva de. Telecomunicações no Brasil: balanço e perspectivas. *Revista de Direito Mercantil*, São Paulo, n. 134, 2004.

COSTA, Maria D'Assunção. Considerações finais. A mediação, a arbitragem no setor de Energia e a Lei nº 8987 de 1995. *Revista do Direito da Energia*, São Paulo, n. 04, p. 139-153, 2006.

COSTA, Hélio B. Um depoimento histórico de Catullo Branco. In Política energética e crise de desenvolvimento. A antevisão de Catullo Branco. Org. Adriano Murgel Branco. São Paulo: Paz e Terra, 2002.

CRETELLA NETO, José. Curso de Arbitragem. Rio de Janeiro: Forense, 2004

DALLARI, Adilson de Abreu. Arbitragem na concessão de serviço público. *Revista Trimestral de Direito Público*, São Paulo, n.13, p. 5-10, 1996.

_____. Arbitragem nas parcerias público-privadas – problemas e perspectivas. In: JUSTEN FILHO, Marçal; SCHWIND, Rafael Wallbach (coords.). Parcerias Público-Privadas. São Paulo: RT, 2015. p. 567-578.

DAVID, Solange. A arbitragem e a comercialização de energia elétrica no Brasil. In: ROCHA, Fábio Amorin da (org.). *Temas relevantes no direito de energia elétrica*. Rio de Janeiro: Synergia, 2012. p. 47-71.

_____. A arbitragem e a comercialização de energia elétrica no Brasil. *Revista de Arbitragem e Mediação*, São Paulo, v. 20, p. 1-22, jan. 2009.

_____. A arbitragem no âmbito da Câmara de Comercialização de Energia Elétrica (CCEE). *Revista de Arbitragem e Mediação*, São Paulo, v. 16, página 1-4, jan. 2008.

REFERÊNCIAS

DI PIETRO, Maria Sylvia Zanella. *Direito administrativo*. 28 ed. São Paulo: Atlas, 2015.

ESQUÍVEL, José Luís. *Os contratos administrativos e a arbitragem*. Coimbra: Almedina, 2004.

GARCÍA DE ENTERRÍA, Eduardo; FERNÁNDEZ, Tomás-Ramón. *Curso de derecho administrativo*. 9. ed. Madrid: Civitas, 1999. v. 1.

FAGUNDES, Maria Aparecida Almeida P. Seabra. Os novos rumos do direito da eletricidade. *Revista de Direito Administrativo – RDA*, Rio de Janeiro, v. 224, p. 1-19, abr./jun. 2001.

_____. Evolução da Regulação nos Contratos de Energia Elétrica. *Revista do Direito da Energia*, São Paulo, n. 10, p. 9-28, 2010.

FERREIRA NETTO, Cássio Telles. *Contratos administrativos e arbitragem*. Rio de Janeiro: Campus Jurídico, 2008.

FIGUEIREDO, Lúcia Valle. *Curso de direito administrativo*. 9. ed. São Paulo: Malheiros, 2008.

FINKELSTEIN, Claudio. Arbitragem no direito societário. In: FINKELSTEIN, Maria Eugênia; PROENÇA, José Marcelo Martins (coord.). *Direito societário: sociedades anônimas*. 2. ed. São Paulo: Saraiva, 2011.

GAMA Jr, Luro; Rodrigues, Juliana. A arbitragem privada nos setores regulados. *Revista do Advogado*, São Paulo, n. 107, p. 68-75, 2009.

GRAU, Eros Roberto. Da arbitrabilidade de litígios envolvendo sociedade de economia mista e da interpretação de cláusula compromissória. *Revista de Direito Bancário, do Mercado de Capitais e da Arbitragem*, v. 18, p. 395-405, out./dez. 2002.

_____. Arbitragem e contrato administrativo. *Revista Trimestral de Direito Público*. São Paulo, n. 32, p. 14-20, 2000.

GRINOVER. Ada Pellegrini. A arbitragem da Anatel. *Revista de Arbitragem e Mediação*, São Paulo, n. 18, p. 301-310, jul./set. 2008.

GROTTI, Dinorá Adelaide Musetti. *O serviço público e a Constituição brasileira de 1988*. São Paulo: Malheiros, 2003.

_____. A arbitragem e a administração pública. In: GUILHERME, Luiz Fernando do Vale de Almeida (coord.). *Novos rumos da arbitragem no Brasil*. São Paulo: Fiuza, 2004. página 145-167.

JUSTEN FILHO, Marçal. *Comentários à lei de licitações e contratos administrativos*. 16. ed. São Paulo: Dialética, 2014.

_____. *Curso de direito administrativo*. 11. ed. São Paulo: Revista dos Tribunais, 2015.

_____. *Teoria geral das concessões de serviços públicos*. São Paulo: Dialética, 2003.

LASCOUX, Jean-Louis; TAVEL, Agéns. *Code de la médiation annoté et commenté pour l'orientation de la médiation*. Bordeaux: Médiateurs, 2009.

LEMES, Selma. *Arbitragem na Administração Pública*. São Paulo: Quartier Latin, 2007.

_____. Arbitragem: realidades no Brasil. In: Primeiro encontro brasileiro de mediação e arbitragem, realizado na Pontifícia Universidade Católica de São Paulo, em 26 de março de 2001.

_____. Contrato de compra e venda de energia firmado com sociedade de economia mista e contendo cláusula compromissória. Validade e eficácia da convenção de arbitragem. Disponibilidade dos Direitos litigiosos. Reconhecimento dos efeitos positivo e negativo da cláusula compromissória. *Revista de Arbitragem e Mediação*, São Paulo, v. 7, página 1-10, out. 2005.

LEVY, Fernanda Rocha Lourenço. *Cláusulas escalonadas*. São Paulo: Saraiva, 2013.

_____. Arbitragem, mediação e a cláusula escalonada. Disponível em: <http://www.cartaforense.com.br/conteudo/entrevistas/arbitragem-mediacao-e-a-clausula-escalonada/13774>. Acesso em: 17 jul. 2015.

LIMA, Cristiana Maria Melhado Araujo. Contornos das concessões do setor elétrico brasileiro. 2015. 208 folhas. Tese (Doutorado em Direito) – Faculdade de Direito, Pontifícia Universidade Católica de São Paulo, São Paulo. 2015.

MACHADO, Antônio Carlos Fraga. Evolução da comercialização de energia elétrica: 12 anos de aplicação da Lei nº 8987/95. *Revista do Direito da Energia*, São Paulo, n. 06, p. 42-56, 2007.

MAGALHÃES, José Carlos de. Contratos com o Estado. *Revista Brasileira de Arbitragem*. Porto Alegre, n. 3, p. 22-41. jul./set. 2004.

MAROLLA, Eugênia Cristina Cleto. Arbitragem e os contratos da Administração Pública. 2015, 202 folhas. Tese (Doutorado em Direito), Faculdade de Direito – Pontifícia Universidade Católica de São Paulo, São Paulo. 2015.

MARQUES NETO, Floriano de Azevedo. Direito das telecomunicações e ANATEL. In: Carlos Ari Sundfeld. (Org.). *Direito administrativo econômico*. São Paulo: Malheiros, 2000. p. 300-316.

_____. *Agências reguladoras independentes: fundamentos e seu regime jurídico*. Belo Horizonte: Fórum, 2005.

MARTINS, Pedro A. Batista. *Apontamento sobre a lei de arbitragem*. Rio de Janeiro: Forense, 2008.

MARTINS, Ricardo Marcondes. Arbitragem e Administração Pública: contribuição para o sepultamento do tema. *Revista Interesse Público* – IP, Belo Horizonte: Fórum, ano 12, n. 63, nov./dez. 2010. Disponível em: <http://www.bidforum.com.br/bid/PDI0006.aspx?pdiCntd=70916>. Acesso em: 13 out. 2014.

MEDAUAR, Odete. *Direito administrativo moderno*. 13. ed. São Paulo: Revista dos Tribunais, 2009.

MORAES, Luiza Rangel de. Arbitragem e agências reguladoras. *Revista de Arbitragem e Mediação*, São Paulo, n. 2, página 73-101, maio/ago. 2004.

MOREIRA NETO, Diogo de Figueiredo. *Curso de direito administrativo*. 15. ed. Rio de Janeiro: Forense, 2010.

_____. Arbitragem nos contratos administrativos. *Revista de Direito Administrativo*. Rio de Janeiro, n. 209, página 81-90, jul./set. 1997.

_____. *Mutações do direito administrativo*. Rio de Janeiro: Renovar, 2000.

MOREIRA, Egon Bockmann; GUIMARÃES, Fernando Vernalha. *Licitações públicas*. São Paulo: Malheiros, 2012.

NERY JÚNIOR, Nelson. *Código Civil comentado*. 10. ed. São Paulo: Revista dos Tribunais, 2007.

NUNES PINTO, José Emílio. A arbitrabilidade de controvérsias nos contratos com o Estado. *Revista Brasileira de Arbitragem*, Rio de Janeiro, n 1, p. 9-26, jan./mar. 2004.

_____. A arbitragem na comercialização de energia elétrica. *Revista de Arbitragem e Mediação*, São Paulo, v.3, n. 9, p. 173-193, abr.2006.

REFERÊNCIAS

_____. O mecanismo multietapas de solução de controvérsias. Disponível em: <http://jus.com.br/artigos/6024/o-mecanismo-multi-etapas-de-solucao-de-controversias>. Acesso em: 11 jul. 2015.

OLIVEIRA, A. Gonçalves de. Contratos de fornecimento de energia elétrica celebrado com Municípios. Disponível em: http://bibliotecadigital.fgv.br/ojs/index.php/rda/article/view/10773/9764. Acesso em 17 jul. 2015.

OLIVEIRA, Fernão Justen de. Serviços públicos e concorrência. In: Clèmerson Merlin Clève. (Org.). *Direito Constitucional Brasileiro*: constituições econômica e social. São Paulo: Revista dos Tribunais, 2014. v. 3. página 335-356.

OLIVEIRA, Gustavo Henrique Justino de. A arbitragem e as parcerias público-privadas. *Revista de Direito Administrativo*. Rio de Janeiro, n. 241, página 241-271, jul./set. 2005.

_____. A Arbitragem e as parcerias público-privadas. In: SUNDFELD, Carlos Ari (coord.). 2. ed. *Parceiras público-privadas*. São Paulo: Malheiros, 2011. p. 628-630

_____. Arbitragem público-privada no Brasil: a especialidade do litígio administrativo e as especificidades do procedimento arbitral. *Revista de Arbitragem e Mediação*, São Paulo, v. 44, p. 150-171, jan./mar. 2015.

PEREIRA, Cesar A. Guimarães. A posição dos usuários e a estipulação da remuneração por serviços públicos. *Revista Brasileira de Direito Público* – RBDP, Belo Horizonte, n. 15, p. 27-71, 2006.

_____. Arbitragem e a administração pública na jurisprudência do TCU e do STJ. In: TALAMINI, Eduardo; PEREIRA, Cesar A. Guimarães (coords.). *Arbitragem e poder público*. São Paulo: Saraiva, 2010. página 131-149.

_____. A arbitrabilidade de controvérsias nos contratos com o Estado e empresas estatais. *Revista Brasileira de Arbitragem*, Porto Alegre, n. 1, p. 9-26, jan./mar. 2004.

REGO, Erik Eduardo. Usinas Hidrelétricas "Botox": Aspectos Regulatórios e Financeiros nos Leilões de Energia. 2007, 207 folhas. Dissertação (Pós-graduação em Engenharia), Programa Interunidades de Pós-Graduação em Energia – PIPGE, São Paulo. 2007.

RIBEIRO, Diogo Albaneze Gomes. Arbitragem e Poder Público, *Revista Brasileira de Infraestrutura* – RBINF, Belo Horizonte, ano 2, nº 3, p. 157-188, jan./jun. 2013.

RIBEIRO, Maurício Portugal. *Arbitragem, TCU e risco regulatório*: se o TCU quiser contribuir para reduzir o risco regulatório precisa rever sua posição sobre arbitragem em contratos administrativos. Disponível em: http://pt.slideshare.net/portugalribeiro/tcu-e-arbitragem-verso-preliminar-em-16122014. Acesso em: 11 jul. 2015.

RODRIGUES, Silvio. *Direito civil*. 30. ed.São Paulo: Saraiva, 2004. v. 3.

ROLIM, Maria João Pereira. *Direito econômico da energia*. Rio de Janeiro: Forense, 2002.

SANCHES, Luiz Antonio Ugeda. *Curso de direito da energia*: da história. São Paulo: Instituto Geodireito, 2011. t. I.

SANTIAGO JUNIOR, Fernando Antonio. *Regulação do setor elétrico brasileiro*. Belo Horizonte: Fórum, 2010.

SANTOS, Rodrigo Machado Moreira; FLORES FILHO, Edgar Gastón Jacobs; SANTOS, Afonso Henrique Moreira. A arbitragem envolvendo sociedades de economia mista no setor elétrico brasileiro: uma análise jurídico-econômico. *Revista do Direito da Energia*, São Paulo, n. 09, p. 133-157, 2009.

SCAVONE JUNIOR, Luiz Antonio. Manual de arbitragem, 3ª ed., São Paulo: Revista dos Tribunais, 2009, p. 58.

SILVA, Almiro do Couto e. Privatização no Brasil e o novo exercício de funções públicas por particulares. Serviço público "à brasileira"?. *Revista de Direito Administrativo*. Rio de Janeiro, v. 230, p. 45-74, out./dez. 2002.

SILVA, Paula Costa e. *A nova face da justiça: os meios extrajudiciais de resolução de controvérsias*: relatório sobre conteúdo, programa e método de ensino. Portugal: Lisboa: Coimbra, 2009.

SOARES, Guido F.S. Arbitragens comerciais internacionais no Brasil: vicissitudes. *Revista dos Tribunais*, São Paulo, v. 641, p.29-57, 1984.

SUNDFELD, Carlos Ari; CÂMARA, Jacinto Arruda. Existe monopólio do fio? *Revista do Direito da Energia*, São Paulo, n. 03, p. 102-129, 2005.

SUNDFELD, Carlos Ari; CÂMARA, Jacintho Arruda. O cabimento da arbitragem nos contratos administrativos. *Revista de Direito Administrativo*, São Paulo, n. 248, p. 117-126, 2008.

SUNDFELD, Carlos Ari. O CADE e a competição nos serviços públicos. *Revista Trimestral de Direito Público*, São Paulo, n. 33, p. 32-35, 2001.

_____. Contratações públicas e o princípio da concorrência. In: SUNDFELD, Carlos Ari (coord.). *Contratações públicas e seu controle*. São Paulo: Malheiros, 2013. p. 15-41.

_____. A administração pública na era do direito global. In: SUNDFELD, Carlos Ari; VIEIRA, Oscar Vilhena (coords). *Direito global*. Local: Max Limonad, 1999. p. 157-168.

_____. Introdução às agências reguladoras. In: Carlos Ari Sundfeld (org.). *Direito administrativo econômico*. São Paulo: Malheiros, 2000. p. 23-27.

TÁCITO, Caio. Arbitragem nos litígios administrativos. *Revista de Direito Administrativo*, Rio de janeiro, n. 210, p. 111-115, out./dez. 1997.

_____. Produtor independente de energia elétrica. *Revista de Direito Administrativo*, Rio de Janeiro, n. 225, p. 1-4, jul./set. 2001. página 1-4.

TALAMINI, Eduardo. Arbitragem e parceria público-privada. In: TALAMINI, Eduardo; JUSTEN, Monica Spezia (coords.). *Parcerias Público-Privadas*: um enfoque multidisciplinar. São Paulo: Revista dos Tribunais, 2005. p. 333-358.

_____. Cabimento de arbitragem envolvendo sociedade de economia mista dedicada à distribuição de gás canalizado. *Revista de Processo*, São Paulo, v. 30, n. 119, p. 151-171, jan. 2005.

_____. Administração Pública, medidas antiarbitrais e o princípio da competência-competência, *Revista de Direito Administrativo Contemporâneo – ReDac*, Belo Horizonte, nº 13, p. 118-119, out. 2014.

TEIXEIRA, Sálvio de Figueiredo. Arbitragem no sistema jurídico brasileiro. *Revista dos Tribunais*, São Paulo, v. 735, p. 39-48, 1997.

THEODORO JÚNIOR, Humberto. *Curso de direito processual*. 18. ed., Rio de Janeiro: Forense, 1996, v. 1.

VACCARELLA, Maria. *Arbitrato e giurisdizione amministrativa*. Torino: Giappichelli, 2004.

VOLPE, Clóvis Volpe; AMÁLIA, Maria. *Setor elétrico*: aspectos jurídicos relevantes. Curitiba: Juruá, 2004.

Klein, Aline Lícia. A arbitragem nas concessões de serviço público. In: TALAMINI, Eduardo; PEREIRA, Cesar A. Guimarães (coords.). Arbitragem e poder público. São Paulo: Saraiva, 2010. p. 63-109

WALD, Arnold. CARNEIRO, Atlhos Gusmão, ALENCAR, Miguel Tostes de, e DOUTRADO, Ruy Janoni. Da validade de convenção de arbitragem pactuada por sociedade de economia mista. *Revista de Direito Bancário do Mercado de Capitais e da Arbitragem*, São Paulo, n. 18, p. 418, out./dez. 2002.

WALD, Arnoldo. As concessões e a arbitragem. *Revista do Advogado*, São Paulo, n. 107, p. 33-43, 2009.

_____. A arbitragem e as sociedades de economia mista. Revista de Direito Bancário e do Mercado de Capitais e da Arbitragem, v.6, n.19, p.377-378, jan./mar. 2003.

WALTEMBERG, David A. M. O Direito da energia elétrica e a ANEEL. In: SUNDFELD, Carlos Ari (coord). *Direito administrativo econômico*. São Paulo: Malheiros, 2000. pp. 352-377.

ÍNDICE

INTRODUÇÃO 17

1 DO CICLO COMPLETO À FRAGMENTAÇÃO
   DO SETOR DE ENERGIA ELÉTRICA BRASILEIRO 21

2 FORMAS ALTERNATIVAS DE SOLUÇÃO DE CONFLITOS
   NO SETOR DE ENERGIA ELÉTRICA 37

3 ARBITRAGEM 47

4 A ARBITRAGEM NOS CONTRATOS DE CONCESSÃO,
   PERMISSÃO E DE OBRA PÚBLICA 95

5 A ARBITRAGEM NO SETOR DE COMERCIALIZAÇÃO
   DE ENERGIA ELÉTRICA 107

6 ASPECTOS OPERACIONAIS DA ARBITRAGEM
   NO SETOR DE ENERGIA ELÉTRICA 149

7 CONCLUSÃO 185

REFERÊNCIAS 197

Arbitragem no Setor de Energia Elétrica